Innocentines

Obaldia

Notes, questionnaires et dossier d'accompagnement
par Bertrand LOUËT,
certifié de Lettres modernes,
professeur en collège et en lycée, à Paris

Crédit photographique

p. 6 : photographie Jean Pol Stercq/Opale.

Conception graphique
Couverture : *Laurent Carré*
Intérieur : *ELSE*

Mise en pages
MCP

Illustration des questionnaires
Harvey Stevenson

Dossier pédagogique : www.hachette-education.com

ISBN : 2.01.169168.0

© Éditions Grasset & Fasquelle, 1969, pour le texte.

© Hachette Livre, 2005, pour les notes et le dossier d'accompagnement.

Hachette Livre, 43, quai de Grenelle, 75905 Paris Cedex 15.
Tous droits de traduction, de reproduction et d'adaptation réservés pour tous pays.

Sommaire

INNOCENTINES *(texte intégral)*

Eudoxie 8
Chez moi 12
Dites ! Dites ! 15
Les jambes de bois 18
L'oncle Onésime 19
Chevalerie 23
Un yéyé 24
Le secret 26
Vespasien 27
Une dame très très morte 29
Pétronille 31
Intimité 33
You spique angliche 36
Le col du fémur 39
Depuis le temps qu'il y a des guerres 42
Cœur de bois 44
Liberté 47
Sainte Ratatouille 51
Visions 54
Aglaé 56
J'ai trempé mon doigt dans la confiture 59
Échanges 60
Berceuse de l'enfant qui ne veut pas grandir 61
Tom Sawyer 63
Manège 65
La marmotte 67

Dimanche	70
La Sologne	71
Froid dans le dos	73
Grand'mère	76
En ce temps-là…	77
Antoinette et moi	81
Comptine	83
Petite conversation téléphonique	85
Bête à bon Dieu	88
Expectative	90
Julot-Mandibule	91
Le zizi perpétuel	94
À force ce n'est plus maman	96
Moi j'irai dans la lune…	97
Le petit Gengis Khan	99
Tentation	104
Emmène-moi voir Guignol	106
Les jumeaux de la nuit	107
Dans la marmite ça ronronne	111
Ouiquenne	112
C'est pas moi qui suis le Bon Dieu	115
Rage de dents	116
Les crocodiles	119
Balistique	122
Petite ritournelle impériale	123
Les soucoupes volantes	125
À l'huile et au vinaigre	128
Princesse lointaine	129
Le plus beau vers de la langue française	132
Virilité	134
La glose	136

Nocturne 138
Les cuisses de Colette 140
Météo 143
Initiation 145
La cromagnonne et le cosmonaute 147
Mutations 154
Faire-part 155
Le courant d'air 158
Problème 160
Héroïsme 163
Tam-Tam et Balafon 164
Instruction aléatoire 165
Alligators et kangourous 168

DOSSIER D'ACCOMPAGNEMENT

René de Obaldia : une vie secrète 190

Les *Innocentines* : poésies pour enfants
ou poésies de l'enfance ? 197

Le texte en questions :
  Avez-vous bien lu ? 208
  « Chez moi » 210
  « Le plus beau vers de la langue française » 212
  « Problème » 214
  « Instruction aléatoire » 216

Groupement de textes :
  « Enfance et poésie au XXe siècle » 218
  Questions & travaux 224

René de Obaldia par Jean Pol Stercq.

*Quicumque non acceperit regnum
Dei sicut puer, non intrabit in illud.*[1]

(LUC[2], XVIII, 17)

---

notes

1. « Qui n'accueille pas le royaume de Dieu comme un enfant n'y entrera pas. »

2. Luc : c'est l'un des quatre évangélistes.

En guise d'Ouverture

Eudoxie

On forçait la petite fille à manger sa soupe, alors qu'elle désirait tant rester petite.

On la forçait à bien d'autres choses. Comme de faire des problèmes : Une locomotive part à telle heure de la gare d'Austerlitz[1] dans le même temps que deux robinets sanglotent sur une cuve de telle capacité ; la locomotive lancée à six cents kilomètres à l'heure est capturée intacte par la dernière tribu des Sioux, lesquels la mettent aussitôt sous cellophane tandis que le plombier arrive à propos pour arrêter le déluge, un nouveau déluge – et, de nos jours, il n'y a même plus un Juste[2] pour sauver l'humanité de la destruction totale – sachant qu'à vingt ans Noé avait déjà cent ans, quel âge lui donnez-vous lorsqu'il s'adonna définitivement à la boisson ?

Et comme elle était remuante, qu'elle s'appelait Eudoxie[3], on forçait aussi la petite fille à regarder la télévision. Pendant ce temps-là, on aura la paix !

Le Poste était devenu l'autel[4] de la maison.

Papa, maman, le voisin et l'âne[5] s'installaient commodément et fixaient l'autel ; leurs yeux perdaient toute expression, leurs bouches toute parole. Une assemblée de muets.

notes

1. *Austerlitz* : gare parisienne.
2. *Juste* : allusion à Noé, homme juste que Dieu sauve du Déluge (Genèse, VI, 9).
3. *Eudoxie* : nom d'impératrices d'Orient du Ve siècle.
4. *autel* : table sur laquelle le prêtre célèbre la messe.
5. *Papa, [...] et l'âne* : groupe qui évoque celui de la crèche de la Nativité.

Eudoxie espérait que l'âne allait soudain se mettre à braire, un grand cri d'entrailles au milieu des informations qui aurait secoué l'univers. Mais non, l'âne était vraiment un âne : rien qu'à voir sa façon d'essuyer ses sabots sur le paillasson... Les dieux envahissaient le petit écran ; les plus jeunes semblaient extrêmement vieux, bon nombre ne dépassant guère l'âge de la mamelle exprimaient avec force la tristesse de la vie le long de couplets haletants. Eudoxie n'était pas triste. Au vrai, elle adorait aussi la télévision, le monde des images, mais point de la même manière que les adultes qui se changeaient devant elle en cadavres. Papa, maman, l'âne et le voisin ignoraient qu'à trois heures du matin, alors qu'ils dormaient, Eudoxie descendait de sa chambre sur la pointe des pieds, arrivait devant le poste, éteint, parfaitement vierge, prenait une large respiration, joignait les mains, plongeait dedans d'une seule coulée et disparaissait, ses cheveux dénoués laissant dans l'espace, le temps d'un éclair, un sillage d'or.

C'est ainsi qu'une nuit – mais de l'autre côté, il faisait jour – elle se trouva à côté du pape, un homme très très bon. Sa Sainteté la reconnut aussitôt et la prit par la main, tandis que, de l'autre, il bénissait une foule immense, agenouillée. Et le cœur d'Eudoxie battait, battait... « Quand ils vont se relever, ils seront changés, pensait-elle. Ils n'auront plus tout à fait les mêmes visages. (Le pape capta certainement sa pensée car il lui pressa doucement la main.) Ils vont tous se mettre à jouer, à danser, à s'embrasser... » La foule murmurante se releva. Manifestement, personne n'avait changé. Mais Eudoxie remarqua un homme dans l'assistance, au visage radieux, certainement quincaillier de son état, qui lui sourit et ne la quitta plus du regard. Elle aurait bien voulu se marier avec lui, le pape leur aurait certainement accordé sa bénédiction[1] sur-le-champ, mais il fallait rentrer : demain, composition de géographie. Elle prit congé de son fiancé et du pape. Ce dernier lui offrit un bonbon à l'angélique[2] et lui souffla à l'oreille un mot latin, inconnu des Latins, qui ouvrait une des nombreuses portes du ciel. De l'autre côté de l'écran, l'âne, allongé dans des draps obscurs, ruminait dans son sommeil les sottises du jour.

Une autre fois, elle se trouva au milieu d'une bande de gangsters qui dévalisaient une banque. Elle comprit très vite qu'ils étaient arrivés au trentième chapitre d'un roman policier écrit spécialement pour la télévision. « À votre âge ! » leur dit-elle. L'un des six fut surpris de son arrivée. Il portait une bonne grosse tête en forme de dé, traversée de balafres. Sa surprise fit place au ravissement : « La jolie demoiselle », murmura-t-il de sa voix de pierre ponce[3] !... Puis, saisissant une mitraillette, il se mit à tuer tous les autres afin de rester seul avec elle. Eudoxie, flattée, le suivit sans réticence lorsqu'il l'emmena devant le coffre monumental. Le gangster l'ouvrit sans peine : du miel, du pain frais, du beurre, des pots de confiture, quelques langoustes !... Il lui prépara une tartine fabuleuse, lui-même se mit à croquer une langouste, et tous deux cassèrent la croûte joyeusement. Mais ce dénouement rendit furieux, paraît-il, des millions de téléspectateurs chinois ; le responsable de l'émission fut limogé[4] et l'auteur jeté en prison.

---

notes

1. bénédiction : action de bénir.
2. angélique : plante dont les racines ont des vertus stimulantes ; c'est aussi ce qui est propre à l'ange.
3. pierre ponce : roche poreuse très légère.
4. limogé : renvoyé de son poste.

Maman, l'âne, papa et le voisin étaient loin de se douter des aventures secrètes d'Eudoxie. À l'école, elle récoltait de plus en plus de mauvaises notes. (Oh ! sa composition de latin !) Par surcroît, de sa mignonne bouche sortaient maintenant des mots, des expressions, qui jetaient l'entourage dans la stupeur et la consternation. C'étaient des mots d'adultes, leurs propres mots. (Ceux mêmes de la télévision.) Mais ils prenaient, par la voix de l'enfant, une réalité terrible.

On força Eudoxie à manger de plus en plus de soupe. Vite, qu'elle grandisse ! Qu'elle rattrape ses mots ! Qu'elle leur ressemble enfin !

Une nuit – ses voyages se faisaient de plus en plus rares – Eudoxie se retrouva devant le poste magique.

Prit-elle mal sa respiration ? Lorsqu'elle s'élança pour plonger, son front heurta la paroi opaque, le verre se cassa en mille morceaux.

Elle eut tout de même le temps de crier : « Au secours ! Au secours ! » avant de tomber, sans connaissance, au pied de l'appareil.

Chez moi

Chez moi, dit la petite fille
On élève un éléphant.
Le dimanche son œil brille
Quand Papa le peint en blanc.

5   Chez moi, dit le petit garçon
On élève une tortue.
Elle chante des chansons
En latin et en laitue.

Chez moi, dit la petite fille
10 Notre vaisselle est en or,
Quand on mange des lentilles
On croit manger un trésor.

Chez moi, dit le petit garçon
Nous avons une soupière
15 Qui vient tout droit de Soissons[1]
Quand Clovis[2] était notaire.

Chez moi, dit la petite fille
Ma grand-mère a cent mille ans.
Elle joue encore aux billes
20 Tout en se curant les dents.

---

notes

1. Soissons : allusion à l'épisode du *vase de Soissons* selon lequel Clovis (v. 465-511), en 486, après sa victoire sur Syagrius, dernier représentant de l'autorité romaine, aurait tué un Franc qui refusait de rendre un vase lors du partage du butin.

2. Clovis : roi des Francs de 481 à 511. Le notaire est celui qui préside au partage d'un héritage ; il s'agit d'une allusion à la distribution du butin après la bataille de Soissons.

Chez moi

Chez moi, dit le petit garçon
Mon grand-père a une barbe
Pleine pleine de pinsons
Qui empeste la rhubarbe.

Chez moi, dit la petite fille
Il y a trois cheminées
Et lorsque le feu pétille
On a chaud de trois côtés.

Chez moi, dit le petit garçon
Passe un train tous les minuits.
Au réveil, mon caleçon
Est tout barbouillé de suie[1].

Chez moi, dit la petite fille
Le Pape vient se confesser.
Il boit de la camomille[2]
Une fois qu'on l'a fessé.

Chez moi, dit le petit garçon
Vit un Empereur chinois.
Il dort sur le paillasson
Aussi bien qu'un Iroquois[3].

Iroquois ! dit la petite fille,
Tu veux te moquer de moi !
Si je trouve mon aiguille
Je vais te piquer le doigt !

notes

1. suie : matière noirâtre provenant de la combustion du charbon ou du bois ; allusion aux fumées s'échappant des locomotives à vapeur.
2. camomille : plante dont les fleurs sont utilisées en infusion.
3. Iroquois : nom du peuple amérindien d'Amérique du Nord le plus puissant au XVIIIe siècle, décimé par les armées de George Washington en 1779.

Ce que c'est d'être une fille
Répond le petit garçon.
Tu es bête comme une anguille
Bête comme un saucisson.

C'est moi qu'ai pris la Bastille[1]
Quand t'étais dans les oignons.
Mais à une telle quille
Je n'en dirai pas plus long !

---

note

1. la Bastille : prison française, symbole de l'arbitraire royal. Prise d'assaut par le peuple le 14 juillet 1789, elle est ensuite démolie.

Dites ! Dites !

Ah ! dites, dites
Où sont passés les troglodytes[1] ?

Où sont passés les troglodytes ?
Où sont passés les Mohicans[2] ?
Et Blériot[3] avec son biplan[4] ?
Et l'Arabie pas Séoudite[5] ?

Où sont passés les fiacres[6]
Qu'étaient couverts de nacre ?
Et les cochers boiteux
Qui devenaient le Diable[7] en moins de deux ?

Où sont passées les Amazones[8]
Qui n'avaient qu'un sein comme bouclier ?
Où est parti le puits de Dôme[9] ?
Que sont devenus les Alliés[10] ?

notes

1. troglodytes : personnes vivant dans des cavernes.
2. Mohicans : peuple amérindien d'Amérique du Nord.
3. Louis Blériot, aviateur et industriel français (1872-1936). Il traverse la Manche en avion en 1909.
4. biplan : avion dont la voilure est formée de deux ailes superposées.
5. Arabie [...] Séoudite : royaume occupant la majeure partie de la péninsule arabique.
6. fiacres : voitures à cheval qui servaient de taxis dans Paris.
7. Diable : avec « *boiteux* », jeu de mots sur *Le Diable boiteux* (1707), roman satirique de Lesage (1668-1747).
8. Amazones : peuple légendaire de femmes chasseresses du Caucase. Elles vivaient de pillages et se brûlaient un sein pour ne pas être gênées dans le maniement de l'arc ou de la lance.
9. puits de Dôme : calembour sur le Puy-de-Dôme, département d'Auvergne, célèbre pour ses volcans.
10. Alliés : nom de la coalition victorieuse de la Seconde Guerre mondiale.

La guerre de Cent Ans[1] ? Celle de Soixante-Dix[2] ?
Et celle de Trente Ans[3] ?
Et Vercingétorix[4]
Mon ancêtre, mon Gaulois,
Où donc est-il passé avec ses guêtres[5] et ses oies ?

Où sont passés les habitants
Des cavernes du bon vieux temps
Qui s'éclairaient modestement
Au moyen de vers luisants ?

Où sont passés les Thermopyles[6] ?
Où sont passés les Thermidors[7] ?
Et les Anglais qu'ont pris la pile[8]
Quand Jeanne d'Arc était en or[9] ?

Et Léontine la femme à Léon ?

Et ce monsieur Napoléon[10]
Qui donnait son foie
À tous les soldats
Et faisait semblant d'être là
Même quand il était dans les draps

---

notes

1. La guerre de Cent Ans voit s'affronter la France et l'Angleterre de 1337 à 1453.
2. La guerre de 70 oppose la France à la Prusse (actuelle Allemagne) en 1870-1871.
3. La guerre de Trente Ans est une guerre des religions qui dévaste l'Allemagne de 1618 à 1648.
4. Vercingétorix : chef gaulois (v. 72-46) vaincu par Jules César à Alésia en 52 av. J.-C.
5. guêtres : pièces d'étoffe ou de cuir qui entourent la jambe.
6. Thermopyles : passage étroit entre deux montagnes situé en Grèce, célèbre pour la résistance du roi de Sparte, Léonidas Ier, aux Perses en 480 av. J.-C. et théâtre de plusieurs batailles.
7. Thermidor, onzième mois du calendrier républicain.
Le 9 thermidor an II (27 juillet 1794) voit la chute de Robespierre.
8. ont pris la pile : ont été battus.
9. Allusion à la libération d'Orléans, occupée par les Anglais, en mai 1429.
10. Napoléon : Napoléon Bonaparte (1769-1821), premier consul de 1802 à 1804, puis empereur des Français de 1804 à 1815.

Avec la Joséphine[1] extra ?

35 Et Samson ? Et Dalila[2] ?

Ah ! dites, dites
Y'en a des choses qui existent.

Moi, je veux bien. Moi, je vous crois.
Mais faut vraiment avoir la Foi !

notes

1. Joséphine : femme de Napoléon Bonaparte qu'il épouse en 1794 et répudie en 1809, car elle ne lui a pas donné d'héritier.
2. Samson [...] Dalila : personnages bibliques. Doté d'une force herculéenne qui réside dans ses cheveux, Samson est vaincu par Dalila qui réussit à les lui couper.

Les jambes de bois

Quand on perd une jambe à la guerre
On en met une autre de bois
Car il paraît qu'on a beau faire
Les jambes ne repoussent pas.

Mais peut-on me dire pourquoi
Il ne pousse pas de feuilles sur les jambes de bois ?

Des feuilles toute vertes
Avec des tas d'insectes,
Des feuilles toute belles
Où les papillons viendraient réparer leurs ailes...

Le soleil voudrait se mettre de la partie
Il pourrait y grimper des fruits,
Et ça serait tout de même chic
D'avoir sur soi des poires
Qu'on prendrait sans histoires
Des pommes et des prunes et des petits pois chiches !

Si tous les hommes avaient une jambe de bois
Qu'on arroserait bien les jours qu'il ne pleut pas
Ça f'rait une forêt qui n'en finirait pas.

L'oncle Onésime

Diplomate[1] qu'il est, mon oncle Onésime.
Quasiment ambassadeur.
Avant, il était enfant de chœur[2] :
Soutane[3] rouge, blanches dentelles
Dans le dos des petites ailes
Avec un air de croire à vous fendre le cœur.

En ce temps-là, l'oncle Onésime
Mangeait beaucoup de pain azyme[4].

Il grandissait tout en pâleur
Vous parlait d'une voix blanche, avec douceur.
Maintenant qu'il est ambassadeur
Quasiment
Il ment, il ment
À vous arracher les dents.

Poil à gratter, prêchi prêcha
L'oncle Onésime, boum boum
L'oncle Onésime
Poil à gratter, taratata
Est persona grata[5].

notes

1. Diplomate : personne chargée de négocier au nom de son pays avec les pays étrangers.
2. enfant de chœur : enfant qui sert la messe. Au sens figuré, « personne naïve ».
3. Soutane : longue robe à boutons encore portée par certains prêtres.
4. pain azyme : pain cuit sans levain, utilisé rituellement pour la pâque juive et avec lequel on fait les hosties chez les catholiques.
5. persona grata : inversion de la formule latine *persona non grata* signifiant « interdit de séjour ». La formule signifie donc « personne dont la présence est souhaitée ».

20 La Reine d'Angleterre
Lui montre ses dessous
Bien qu'il la déblatère[1]
Auprès du Grand Zoulou.
Le Prince de Monaco
25 L'appelle « mon coco ».
La Comtesse Mimi
Le voit en catimini.
À tu et à toi
Qu'il est avec la Duchesse Zaza.
30 (La Duchesse Zaza
Est l'amie de Mimi
Mais Mimi de Zaza
Dit que pendre et que pis[2].)
Le Roi de Suède
35 Réclame son aide.
La Princesse Tudor[3]
Le réveille à toute heure.
Il paraît que le Shah[4]
Lui fait des entrechats[5].

40 *Poil à gratter, prêchi prêcha*
L'oncle Onésime, boum boum
L'oncle Onésime
Poil à gratter, taratata
Est persona grata.

notes

1. qu'il la déblatère : qu'il médise d'elle.
2. Dit que pendre et que pis : déformation de l'expression *dire pis que pendre de quelqu'un* qui signifie « en dire beaucoup de mal ».
3. Princesse Tudor : les Tudor sont une famille de souverains anglais qui régna de 1485 à 1603. Jeu de mots avec « tu dors ».
4. Shah : souverain d'Iran.
5. Lui fait des entrechats : lui tourne autour. L'entrechat est un pas de danse. L'auteur fait ici un jeu de mots évident.

45 Les Présidents des Républiques
Parlent de lui en italique[1].
Le plus petit dictateur
L'étouffe sur son cœur.
En queue de pie en savates[2]
50 Il traîne dans toutes les Karpates[3].
Ronds de jambe, salamalecs[4],
Ronds de chapeaux,
Même quand il l'a sec
Il fait le beau.
55 Mais lorsque éclate une guerre
Sans en avoir l'air
L'oncle Onésime se carapate.

Poil à gratter, prêchi prêcha
L'oncle Onésime, boum boum
60 *L'oncle Onésime*
Poil à gratter, taratata
Est persona grata.

L'oncle Onésime
De la famille est l'orgueil.
65 Moi je rigole en sourdine
Il ressemble à un cercueil.
Et puis, j'ai mon caractère.
On ne me fera jamais faire
N'importe quoi.

notes

1. italique : se dit des petits caractères imprimés penchés qui servent à indiquer titres et citations. Ils parlent de lui avec considération et respect.
2. En queue de pie en savates : en tenue de cérémonie ou en tenue de loisirs.
3. Karpates : les Carpates, chaîne de montages d'Europe centrale. Point de départ de la légende du vampire Dracula.
4. salamalecs : politesses exagérées. Le mot vient de la formule de salutation arabe *salaam aleikum* signifiant « paix sur toi ».

Moi
Je suis pour le Tiers État[1]
Pour Juliette Drouet[2], Bibiche[3] et Gambetta[4].
Pour Lénine[5] en troïka[6]
Le vin chaud du soldat et la goutte de lait.
Pour le petit Alphonse Allais[7].
Pour le gros rouge et le camembert.
Pour Julie et pour Bébert.
Pour tous ceux qui se tiennent de travers[8].

Tant pis pour maman et papa
L'oncle-Onésime-boum-boum et sa smala[9],
Tirez dans le tas ! Tirez dans le tas !
Poil à gratter, taratata
Jamais je ne serai *persona grata* !

notes

1. Tiers État : l'un des trois ordres, avec la noblesse et le clergé, à l'assemblée des États Généraux. Le Tiers État est la représentation du peuple.
2. Juliette Drouet : actrice française (1806-1883), maîtresse de Victor Hugo à partir de 1833.
3. Bibiche : surnom affectueux de la femme aimée.
4. Léon Gambetta, avocat et homme politique (1838-1882). Il contribue à la chute du Second Empire en 1870 et défend ensuite la République contre ceux qui souhaitent le retour de la monarchie, notamment en faisant adopter les lois constitutionnelles qui la fondent en 1875.
5. Lénine : révolutionnaire russe (1870-1924). Leader de la révolution bolchevique de 1917, il dirige l'Union soviétique jusqu'en 1924.
6. troïka : traîneau tiré par trois chevaux. Groupe de trois dirigeants.
7. Alphonse Allais : écrivain et humoriste français (1854-1905).
8. ceux qui se tiennent de travers : l'auteur multiplie ici les symboles faubouriens et populaires.
9. smala : suite, famille nombreuse et encombrante.

Chevalerie

Je suis le Chevalier des Bigoudis en Fleurs.
Malheur !
Mort-aux-rats !
To be or not to be[1] !
Goudiravera !
À celui qui touchera
Aux cheveux de ma petite sœur !

---
note

1. To be or not to be : en anglais, « être ou ne pas être ». Réplique fameuse (et tarte à la crème) de l'*Hamlet* de Shakespeare, que le héros éponyme prononce à la scène 1 de l'acte III, en tenant un crâne dans sa main.

Un yéyé

Un yéyé[1]
Pas débarbouillé
Les cheveux qui traînent sur ses souliers.

Sa guitare électronique
Bat son ventre famélique.

Un gros pantalon de sciure
Une ficelle pour ceinture,
Sous la chemise en rupture
Un nombril qu'est pas très pur.
(Sans parler de l'ossature !)

Un yéyé un long bébé
Pas encore très réveillé.

Quand il ouvre grand la bouche
On y voit des tas de mouches.
On entend, si on le veut,
Une voix de petit vieux
Une voix de lait caillé.

Ah ! quelle étonnante voix
Pas plus grosse qu'une noix !
Il se tord en deux en quatre
Il se casse en neuf morceaux.
Quelqu'un dans l'ombre doit le battre
Doit le battre comme plâtre !

note

1. yéyé : se dit d'un style de musique (et, par suite, de ses amateurs) adapté de succès américains, en vogue parmi la jeunesse dans les années 1960 (Eddy Mitchell, Johnny Hallyday, Sylvie Vartan, Sheila...).

Il se tord en deux en quatre
Il transpire comme un veau
Si j'avais un bout de tarte
Je lui en ferais cadeau.

Un yéyé un long bébé
L'air vraiment conditionné
Qui me fait bien rigoler.

Le secret

Sur le chemin près du bois
J'ai trouvé tout un trésor :
Une coquille de noix
Une sauterelle en or
Un arc-en-ciel qu'était mort.

À personne je n'ai rien dit
Dans ma main je les ai pris
Et je l'ai tenue fermée
Fermée jusqu'à l'étrangler
Du lundi au samedi.

Le dimanche l'ai rouverte
Mais il n'y avait plus rien !
Et j'ai raconté au chien
Couché dans sa niche verte
Comme j'avais du chagrin.

Il m'a dit sans aboyer :
« Cette nuit, tu vas rêver. »

La nuit, il faisait si noir
Que j'ai cru à une histoire
Et que tout était perdu.
Mais d'un seul coup j'ai bien vu
Un navire dans le ciel
Traîné par une sauterelle
Sur des vagues d'arc-en-ciel !

Vespasien

Vespasien[1]
Empereur romain
Pissait toujours contre les murs.

C'était sa nature
On n'y pouvait rien.

Qu'il soit en armure
En robe de lin
Qu'il fasse très noir
Beau sec, incertain,
Aussi bien le soir
Qu'au petit matin,
À la vue d'un édifice
Il fallait toujours qu'il pisse.

Quand il traversait le désert
Pour aller porter la guerre
Ses esclaves, toute la nuit,
Fabriquaient des murs qu'ils posaient en douce devant lui.
L'Empereur Vespasien bruissait alors comme une source.

Il dictait des lois
Rendait la Justice
Parlait le Gaulois
Jouait aux boules avec les rois.

---

note

1. Vespasien : empereur romain (9-79) qui régna de 69 à 79. Il serait à l'origine de l'édification d'urinoirs publics, les « vespasiennes ».

Avec le menu fretin
Il prenait une voix off.
Il avait des tas d'copains
Piochés dans les philosophes.

On l'a vu qui présidait
Couvert de simplicité
Des ventes de charité.

Très poli avec les dames
Très poli avec les chiens
Il avait un cœur une âme
Digne des martyrs chrétiens.

Il payait de sa personne
Croquant volontiers la pomme.
Un bon Empereur, en somme.
Mais lorsqu'il voyait un mur !...

C'était sa nature
On n'y pouvait rien.

Une dame très très morte

Une dame très très morte
Cette nuit frappe à ma porte.

Je lui ouvre poliment :
« Entrez un petit moment,

5   Quand on est aussi morte que vous
On doit avoir froid aux genoux. »

Elle reste toute droite
À grand renfort d'omoplates.

Ne me dit pas un seul mot
10   Comme si j'étais de trop.

Ses yeux sont tellement creux
Qu'on y rentrerait à deux.

Bigre ! Bigre ! Bougri de bougra
La drôle de p'tite dame que voilà !

15   Elle avait dans un cabas[1]
Croûtons de pain et cancrelats.

À la main gauche, un balai
Des croisades qui datait.

« Que cherchez-vous, ma bonne dame ? »
20   Elle me répondit : « Un âne. »

« Je n'ai pas d'âne dans mon lit
Je couche tout seul avec Pissenlit. »

note

1. cabas : panier à provisions.

(Pissenlit, c'est ma grenouille
Qui aime tant manger des nouilles.)

Puis s'est mise à avancer.
Jusqu'aux draps j'ai reculé.

« Holà ! Holà ! je ne suis pas un âne,
Holà ! Je ne vous connais pas, madame !

Holà ! Holà ! Que me voulez-vous ?
Dans ma tirelire je n'ai pas de sous.

Revenez plus tard, quand je serai grand
Le crâne désert et beaucoup d'argent.

Holà ! Holà ! vous faites erreur
Ne m'emportez pas, j'aime trop le beurre ! »

Heureusement, Pissenlit lui a sauté dessus.
Elle est morte encore une fois de plus.

Pétronille

Je suis une petite fille
Mais je mets des pantalons.
J'ai beau m'appeler Pétronille
J'aime mieux être un garçon.

5 Quand la crémière m'interpelle
« Bonjour ma petite demoiselle »
Exprès je lui réponds :
« Bonjour M'sieur Potiron. »

Quand le boucher s'écrie :
10 « Qu'est-ce que veut aujourd'hui
Ma petite escalope ? »
Je fronce les sourcils
Et lui dis : « Du persil,
Mademoiselle Pénélope. »

15 Ça crée la confusion.

J'ai beaucoup d'caractère
Beaucoup de formation

Et sous mes petits airs
Se cache un grand garçon.

20 Je n'aime pas les filles
Aux réflexes sanguins
Moites sous les charmilles
Et pâles dans les trains.

Quand on est un garçon
On siffle dans ses doigts
On est Ali-Baba[1]
On grimpe sur les toits.

On s'en va sur les mers
Où y'a plein de moutons[2].
On vole dans les airs
Avec les électrons.

Et devant ces exploits
Tout l'monde reste baba.

« Non Maman, pas ma robe, je veux mon pantalon
Ma ceinture de cuir, mon colt, mes munitions :
Je vais faire un hold-up
À Plessis-Robinson[3]. »

---

notes

1. Ali-Baba : personnage légendaire d'un conte des *Mille et Une Nuits*.
2. moutons : vagues dont la crête est couverte d'écume blanche.
3. Plessis-Robinson : ville du département des Hauts-de-Seine.

Intimité

L'âne gris de ma tante
Tricote au coin du feu
Des bavoirs à la menthe
Pour les vieillards nécessiteux.

5   Calé dans le fauteuil
Les sabots bien au chaud,
Il mâche du cerfeuil
En grinçant des chicots[1].

Ah ! le bel âne gris
10   Et son mâchicoulis[2].
Ah ! le joli monsieur
Un tantinet hébreu[3] !

Ma pauvre tante est morte
Il y a quelques mois.
15   Quand on frappe à la porte
L'animal vous reçoit.

Il jouit d'un grand confort
Gaz, électricité.
Fait son confiteor[4]
20   Dans un double vécé[5].

---

notes

1. chicots : dents abîmées.
2. mâchicoulis : galerie de ronde crénelée au sommet d'une muraille. Par image, la mâchoire à la dentition irrégulière de l'âne.
3. hébreu : juif. Les Hébreux étaient le peuple élu de l'Ancien Testament.
4. confiteor : en latin, « je me confesse » (prière que l'on fait avant d'aller à confesse).
5. double vécé : jeu de mots sur la prononciation de l'abréviation *W.-C.* signifiant « water-closet » (toilettes, cabinets en anglais).

Comme il m'aime beaucoup
Il m'invite souvent.
Je tire le verrou
Pousse quelques hihans.

Je marche à quatre pattes
Sur un lit de chardons.
(L'affaire est délicate,
Il y faut quelques dons.)

J'allonge mes oreilles
Embrasse son museau,
Une soupe à l'oseille
Ronfle sur le fourneau.

Je m'assieds à mon tour
Dans le fauteuil voisin :
Un fauteuil en velours
Quasi diocésain[1].

Ah ! sa puissante échine
Ses os de sacristain[2]
Son regard d'églantine
Qu'il pose sur le mien !

---

notes

1. diocésain : relatif au diocèse qui est la juridiction de l'évêque (grade élevé dans l'Église).
Le fauteuil doit être luxueux et confortable.

2. sacristain : employé chargé de l'entretien d'une église.

Intimité

Parlons température
Comme quand on est marié.
De la Comtesse de Ségur[1]
Née Rostopchine, morte yéyé[2].

45 Tous les deux près de l'âtre[3]
La paix du soir descend,
Le nez de Cléopâtre[4]
Scintille au firmament.

Je l'aide à tricoter
50 Ses bavoirs à la menthe.
Les vieillards, cet été,
Pourront brouter leur pente !

Et devant nos sabots s'ouvre l'éternité
Par où l'on voit danser Madame notre Tante...

notes

1. Comtesse de Ségur : écrivain français d'origine russe (1799-1874), auteur d'ouvrages célèbres pour la jeunesse *(Les Malheurs de Sophie, Mémoires d'un âne)*.
2. yéyé : se dit d'un style de musique (et, par suite, de ses amateurs) adapté de succès américains, en vogue parmi la jeunesse dans les années 1960 (Eddy Mitchell, Johnny Hallyday, Sylvie Vartan, Sheila...).
3. âtre : foyer d'une cheminée.
4. Cléopâtre : nom de plusieurs reines d'Égypte, Cléopâtre VII étant la dernière et la plus célèbre. Aimée de César, elle était réputée pour son joli nez.

You spique angliche

You spique angliche[1] ?
Faut drôlement être fortiche
Pour parler anglais,
La langue du bridge[2] !
Une langue au porridge[3] :
Beaucoup de son et peu de lait.

Moi, je sais déjà dire finctiou[4]
Yes[5], août
Douyoudou[6]
Vérénesse[7]
Busenesse[8]
Choking[9] comme king mais avec cho devant
Shaw[10] comme chaud très exactement
Alone[11]
Qui se prononce comme Sables-d'Olonne
Alway[12] comme tramway
Sir[13] comme ma petite sœur
Football et drugstore

notes

1. You spique angliche : déformation phonétique burlesque de l'interrogation *You speak english?* (« Parlez-vous anglais ? »).
2. bridge : jeu de cartes anglais se jouant à quatre.
3. porridge : bouillie pour le petit-déjeuner à base de flocons d'avoine. La formule veut dire qu'il s'agit d'une langue qui se parle comme si l'on avait la bouche pleine de nourriture.
4. finctiou : de l'anglais *thank you*, « merci ».
5. Yes : « oui », en anglais.
6. août/Douyoudou : de l'anglais *How do you do?*, « Comment allez-vous ? ».
7. Vérénesse : de l'anglais *very nice*, « très bien ».
8. Busenesse : de l'anglais *business*, « les affaires ».
9. Choking : de l'anglais *shocking*, « choquant », « scandaleux ».
10. Shaw : il s'agit peut-être d'une allusion à George Bernard Shaw, écrivain irlandais (1856-1950).
11. Alone : « seul », en anglais.
12. Alway : de l'anglais *always*, « toujours ».
13. Sir : « monsieur », en anglais.

You spique angliche

Nevermore[1] ! Nevermore !
Je sais dire aussi
Quissemi bébi[2], quissemi bébi.

Avec des mots comme ça on passe partout
À Zanzibar[3] à Tombouctou[4]
Chez les Mongols et chez les Sioux.
Avec des mots comme ça
On peut partout
Manger de la soupe aux choux.

L'anglais c'est aussi l'américain.
Ça vaut le coup
De se donner un peu de tintouin[5] !

En Amérique, pour parler anglais
On colle du chewing-gomme tout au fond du palais.

En Chine, pour parler anglais
On vous coupe la langue et on vous la remet.

En Irlande il paraît
Que ça fait mauvais effet.

En Écosse, les Écossais
Fourrent un petit pois dans leur trou de nez.
Ça les amuse
De tirer sans payer des sons de cornemuse[6].

Les Gallois quand ils sont excités
Répandent un anglais tout à fait à côté.

notes

1. Nevermore : « plus jamais », en anglais.
2. Quissemi bébi : de l'anglais *Kiss me, baby*, « Embrasse-moi, chéri ».
3. Zanzibar : île de l'océan Indien célèbre pour ses épices.
4. Tombouctou : ville du Mali près du fleuve Niger.
5. De se donner un peu de tintouin : de se donner un peu de mal, de faire des efforts.
6. cornemuse : instrument de musique à vent.

À Valparaiso[1]
Faut aller au zoo :
Le tigre du Bengale
N'a presque pas d'accent
Sauf quand il a bu
Bu beaucoup de sang.

Après lui vient le zébu.
Ah ! j'allais oublier :
Il y a aussi les coqs-nés[2]
Qui font de l'anglais un hachis parmentier.
Ils ne voient jamais la Reine
(Ça lui causerait trop de peine.)
Ils sont cependant des milliers.

En définitive
Si on veut être objective[3]
C'est encore les Anglais
Qui parlent le mieux l'anglais.

Leurs poètes sont très bons
Bi cause[4] leur prononciation.
Le plus grand qui est le pire
Sans arrêt s'appelle Chèquespire[5].

. . . .
. . . .

Les Anglais ne boivent que du thé.
Ils sont très très froids et tarabiscotés.

notes

1. Valparaiso : principal port du Chili.
2. coqs-nés : de l'anglais *Cockney*, Londonien de souche originaire des quartiers populaires.
3. objective : « objectif », en anglais.
4. Bi cause : de l'anglais *because*, « parce que ».
5. Chèquespire : William Shakespeare, dramaturge anglais (1564-1616).

Le col du fémur

Le col du fémur[1]
Est dur à traverser
Tout perclus de nuées
Le ciel à ras de terre
Plein de neige l'hiver
Et de brigands l'été.
Des ronces, mais pas de mûres
Des loups avec des dents
Des arbres sans ramures[2]
Des rochers et du vent,
Quelques champs de guimauve[3]
Des souris toutes chauves
Une grande âpreté !

Mon grand-père en velours
Y grimpant un beau Jour
(Grand-père est culotté !)
Ce qui fut ma grand-mère a soudain rencontré.

Bien que très essoufflés :
— C'est toi, dit mon grand-père !
    C'est toi, dit ma grand-mère !
Et dans l'air distillé
On entendit voler une oie...
C'est fou ce qu'ils se plurent

notes

1. col du fémur : articulation de la hanche. Le poème est fondé sur un jeu de mots avec le double sens du mot *col* qui signifie aussi « passage entre deux montagnes ».

2. ramures : ensemble des branches.

3. guimauve : plante des marais dont la racine permet de confectionner une confiserie molle.

Sur le col du fémur !
Et des mamures[1] et des mamures
Qu'ils se firent
À l'ombre nulle des ramures.

Quand ils redescendirent
Ils étaient mariés.
Mon grand-père a beau dire
Vive la marche à pied !

Il m'a tout raconté
De cet exploit guerrier
Et me raconte encore
Maints détails qui l'honorent.

Le temps le temps a passé
Depuis cette haute aventure.
Pour mon grand-père invétéré[2]
Qui roule maintenant en petite voiture
Le temps le temps n'est plus le temps
Le temps a perdu tout son sang
Le temps s'est bonnement cassé
Sur le col du fémur.
Et quand le ciel devient bouché
Qu'on mettrait pas un chat dehors,
De sa veste en velours il sort
Une vieille carte d'État-Major.
Alors, m'indiquant de son doigt
Et avec les yeux de la Foi
Un point qu'est pour le moins obscur :
— Te faudra des chaussures
Sérieusement cloutées,

---

notes

1. mamures : mamours. Des câlins et des caresses.

2. invétéré : fortifié et enraciné avec le temps.

Revêtir une armure
Et prendre ton épée.
Quand tu verras là-haut
La femme qu'il te faut
Surtout, pas la lâcher.
Oui, bien te harnacher
Ceinture de flanelle et graines de séné[1],
Car le col du fémur
Est dur à traverser...[2]

. . . .
... ronces mais pas de mûres...

. . . .
Guimauve...
        ... toutes chauves...

. . . .

— Allez, Pépé
Prends ton sirop de pois cassés
Et va te coucher !

---

notes

1. séné : arbrisseau d'Afrique dont les gousses ont des propriétés laxatives.

2. Est dur à traverser... : reprise (jusqu'au vers 64) des vers 1-12. Les manques signalent l'élocution difficile du grand-père âgé.

Depuis le temps qu'il y a des guerres

Depuis le temps qu'il y a des guerres
De toutes les façons,
Des guerres de Cent Ans[1]
Pour les plus résistants
Et des guerres zéclairs
Pour les p'tits poitrinaires...

Des guerres d'usure et de bromure[2]
Des guerres de religion[3]
Des guerres ousqu'y'a d' l'honneur
Et pas de munitions,
Des guerres avec du beurre
D'autres avec des canons...

Des guerres coloniales
Pour manger des citrons
Et des guerres totales
Pour l'édification !

Des guerres propres
Avec saint Christophe[4]
Des guerres sales
Avec saint François de Sales[5],
Des guerres en dentelles

notes

1. La guerre de Cent Ans voit s'affronter la France et l'Angleterre de 1337 à 1453.
2. bromure : sédatif, calmant.
3. guerres de religion : elles ont ravagé la France au XVIe siècle mettant aux prises catholiques et protestants.
4. saint Christophe : personnage légendaire, patron des voyageurs.
5. saint François de Sales : prélat et théologien (1567-1622), auteur de l'*Introduction à la vie dévote* (1609) qui propose une spiritualité adaptée aux gens du monde.

Des guerres en nylon
Des guerres saintes et belles
Au fond des pantalons...

25 Des guerres d'Orient et d'Occident
Des guerres sous-marines
Des guerres célestines[1]
Des guerres qu'on gagne avec les dents
Et le dernier carré[2] est un tapis volant...

30 Depuis le temps que mes aïeux
Couchés tous pêle-mêle dans le même drap bleu
Se sont immensément battus
Pour que je vienne au monde armé d'une grande vertu...

J'ai vraiment pas volé
35 De jouer au biribi[3]
À Judas Macchabée[4]
À Piloutrifouillis.
De pas dormir la nuit
De tout le jour pioncer,
40 Et de chauffer mes pieds
Au ventre de Mimi !

notes

1. célestines : mot-valise, formé avec *céleste* et *intestines. Guerre intestine* signifie « guerre entre personnes d'un même pays, d'un même parti ».
2. le dernier carré : allusion à la résistance héroïque de la Garde napoléonienne lors de la bataille de Waterloo (18 juin 1815) qui opposa les troupes françaises aux Britanniques et aux Prussiens.
3. biribi : bagnard. De Biribi, ancienne compagnie disciplinaire d'Afrique du Nord.
4. Judas Macchabée : surnom donné à Judas et à tous les siens lors du soulèvement juif de 168 av. J.-C.

Cœur de bois

Amandine si hautaine
Amandine au cœur de bois
Ce soir, je serai ton Roi.
Si tu veux, tu seras la Reine.

5 J'ai ôté mon tablier
J'ai mis mes plus beaux souliers
Dans ma poche des sous neufs
Pour les distribuer aux veufs[1].

Comme trône j'ai le fauteuil
10 Du Grand Oncle Cancrelat
Qui fume dans son cercueil
Une pipe en chocolat.

Ma couronne vif argent
Vient tout droit du pâtissier.
15 Sur mes épaules flotte un drap
On se cachera dedans.

Le fauteuil est à roulettes
Quelle aubaine pour un Roi !
Je le déplace et les traîtres
20 Frappent au mauvais endroit.

Amandine, tes yeux verts
Illuminent toutes mes nuits.
Je voudrais t'écrire en vers
Quand je serai plus instruit.

---

note

1. veufs : maris ayant perdu leurs épouses.

Amandine, tu m'as dit :
« Je viendrai sept heures sonnées.
Je viendrai dans ton grenier
Avec ma chemise à plis. »

L'heure passe et je suis là
Ma couronne pour les rats !

Ah ! ce bruit de patinette !
Mais non, ce n'est pas ici.
Le sang me monte à la tête
J'entends les cloches aussi.

Et pourtant, je suis le Roi !
Tu devrais, genou en terre,
Baiser le bout de mon drap
Et pleurer pour la manière !

« Madame, relevez-vous »
Te dirai-je noblement !
Et sur tes lèvres de houx[1]
T'embrasserai jusqu'à cent.

L'heure fuit ; mes oripeaux[2]
Juste bons pour les corbeaux !

Amandine, tu te moques
Tu te ris toujours de moi.
Quand tu remontes tes socques[3]
Je tremble et ne sais pourquoi…

notes

1. houx : arbuste aux feuilles épineuses.
2. oripeaux : vieux vêtements d'apparat.
3. socques : chaussures à semelle de bois.

Amandine, je vais mourir
Si vraiment tu ne viens pas.
Je t'ordonne de courir
De grandir entre mes bras !

Le silence, seul, répond :
Aile blanche sur mon front.

Le grenier comme un navire
Se balance dans la nuit.
Le trône vide chavire
L'Oncle fume en son réduit.

Amandine sans foi ni loi
Amandine ne viendra pas.
Jamais elle ne sera Reine
D'Occident ou de Saba[1].

Jamais elle ne régnera
Sur c'qu'il y a de plus sacré.
Peste noire ou choléra[2]
Jamais ne pourra pleurer.

Et pourtant comme je l'aime
Amandine des chevaux d'bois
De Jean-Pierre et de Ghislaine
De tout le monde à la fois !

Et pourtant comme je l'aime
(À mes pieds tombe le drap)
Amandine si hautaine
Amandine au cœur de bois.

notes

1. Reine [...] de Saba : reine légendaire d'Arabie.

2. choléra : maladie infectieuse très contagieuse.

Liberté

À Pan-Mun-Jom[1]
Faut tailler des joncs.

À Buenos Aires[2]
Faut un revolver.

5 À Salonique[3]
Faut s'armer de piques.

À Berlin[4]
Faut pas s'tromper d'train.

À Moscou[5]
10 Faut tenir le coup.

À Belgrade[6]
T'en prends pour ton grade.

À Yokohama[7]
Faut se faire tout plat.

15 À Québec[8]
Béni-béni-bec.

À Madrid[9]
On vous tient en bride.

notes

1. Pan-Mun-Jom : ville de Corée où se tinrent les négociations mettant fin à la guerre de Corée.
2. Buenos Aires : capitale et grand port d'Argentine.
3. Salonique : Thessalonique, port et ville de Grèce.
4. Berlin : capitale de l'Allemagne réunifiée.
5. Moscou : capitale de la Russie.
6. Belgrade : capitale de la Serbie et de la Yougoslavie.
7. Yokohama : port du Japon situé dans la baie de Tōkyō.
8. Québec : ville du Canada, capitale de la province de Québec.
9. Madrid : capitale de l'Espagne.

À Pékin[1]
Faut être pour Mâ-Chin.

À Shangai[2]
Contre la racaille.

À London City[3]
On mange à la demi.

À Jérusalem[4]
On pleure toute la semaine.

À Calcutta[5]
Calcule ce que t'as.

À Lisbonne[6]
On est tous des bonnes.

À Los Angeles[7]
Faut faire du business.

À Bangkok[8]
Faut subir le choc.

À Panama[9]
Nu-tête il faut pas.

notes

1. Pékin : Beijing, capitale de la Chine.
2. Shangai : Shanghai, la plus grande ville et le premier port de Chine.
3. London City : Londres, capitale de la Grande-Bretagne.
4. Jérusalem : ville sainte de Palestine, proclamée capitale d'Israël en 1950. On y trouve le *mur des Lamentations*, vestige du Temple de Salomon.
5. Calcutta : port et ville d'Inde, capitale du Bengale occidental.
6. Lisbonne : port et capitale du Portugal.
7. Los Angeles : grande ville de la côte Ouest des États-Unis d'Amérique.
8. Bangkok : port et capitale de la Thaïlande.
9. Panamá, État d'Amérique centrale et capitale de cet État. Un panama est un chapeau de paille.

Liberté

À Montevideo[1]
Faut être comme il faut.

Plus bas à Cuba[2]
Être ou n'être pas.

À Rome[3]
Il faut faire comme.

À Banga-Bango[4]
Gare à ton gigot !

Lausanne, Genève[5]
Les cœurs sont de neige.

Anvers[6], Amsterdam[7]
Y'a des drôl' de dames.

Copenhague[8], Oslo[9]
C'est pas du lolo.

New York[10], Tombouctou[11]
Faut s'attendre à tout.

Bientôt dans la lune
On sera tous posthumes[12].

notes

1. Montevideo : port et capitale de l'Uruguay.
2. Cuba : État formé par la plus grande île des Antilles au sud de la Floride.
3. Rome : capitale de l'Italie.
4. Banga-Bango : Banga est un village de la Haute-Égypte. *Banga-Bango* est sans doute une création facétieuse de l'auteur pour rimer avec « gigot ».
5. Lausanne, Genève : villes de Suisse.
6. Anvers : port et ville de Belgique.
7. Amsterdam : port et capitale des Pays-Bas.
8. Copenhague : port et capitale du Danemark.
9. Oslo : port et capitale de la Norvège.
10. New York : port et plus grande ville des États-Unis d'Amérique.
11. Tombouctou : ville du Mali près du fleuve Niger.
12. posthumes : postérieurs à la mort d'une personne.

N'y a qu'à Viroflay[1]
(Larirette, larirette)
N'y a qu'à Viroflay
(Poussez, poussez l'escarpolette)
N'y a qu'à Viroflay
Que je fais
Ce qui me plaît.

---

note

1. Viroflay : localité de banlieue parisienne dans les Yvelines.

Sainte Ratatouille

Sainte Ratatouille
Veille sur les petits enfants.
Nuit et jour elle patrouille
Au bout de son cerf-volant.

5 Ça représente du boulot
Vu le nombre que nous sommes.
La sainteté, c'est bien beau,
Mais faut payer d'sa personne !

Elle suce les blessures
10 Des genoux trop écorchés.
Et distribue des chaussures
À tous les p'tits va-nu-pieds.

Elle flanque des ramponneaux[1]
À tous ceux qui sont douillets
15 Et devant les plus costauds.
Elle boit du petit lait.

Sous son casque de poilu[2]
Rapporté d'la guerre des Pouilles[3]
Passent ses cheveux crépus
20 Mélangés à quelques nouilles.

notes

1. ramponneaux : coups violents, bourrades.
2. poilu : soldat français de la Grande Guerre (1914-1918).
3. guerre des Pouilles : les Pouilles sont une région de l'Italie du Sud. Il s'agit sans doute d'un jeu de mots sur *pouilleux*, les soldats de la Première Guerre mondiale étant envahis par la vermine dans les tranchées.

C'est que sainte Ratatouille
N'est pas coquette pour un sou.
Le temps comme un rien se rouille
Si qu'on n'lui saute pas au cou.

Quand il faut soir et matin
Faire que le bien soit commun,
On ne se peint pas les os
On met de côté sa peau.

Sainte Ratatouille
A fait don de sa beauté
À des graines de fripouilles
Déjà du mauvais côté.

Son nez c'est comme du gruyère,
Ses yeux sont pas bien fixés,
Son menton coule de travers
Et ses mains sentent les pieds.

Elle fout souvent la trouille
À ceux qui n'la connaissent pas.
Mais devant elle je m'agenouille :
Elle est belle dans l'au-delà.

. . . .
. . . .

Il existe d'autres saintes,
On peut compter bien des saints :
Sainte Irma de Coloquinte
Saint Nestor et saint Glinglin.

La grande sainte Pétronille
Qui mourut de pâmoison[1]
En jouant à la manille[2]
Avec le Diable en caleçon.

Saint Sauveur et saint Rapia
Polycarpe[3] et sainte Tanche.
Saint Georges[4], saint Quoiquignia
D'autres, de la même branche.

Mais de tous ces saints qui grouillent
Au sein d'la félicité,
J'aime mieux sainte Ratatouille
Car je viens de l'inventer !

---

notes

1. pâmoison : évanouissement.
2. manille : jeu de cartes.
3. saint Polycarpe, évêque de Smyrne. Le récit de sa mort est le plus ancien à propos de celle d'un martyr. L'auteur mêle de faux saints avec des vrais.
4. Saint Georges : soldat romain martyrisé comme chrétien. On le représente terrassant un dragon.

Visions

J'ai vu un gros rat
Un gros gros radar
Qui courait dare-dare
Après un cobra.

5 J'ai vu un coco
Un drôle de cobra
Buvant sur un pot
Du Coca-Cola[1].

J'ai vu Nicolas
10 Qu'est pourtant pas sot
Tremper ses pinceaux
Dans du chocolat.

J'en ai vu des choses
Sans en avoir l'air !
15 Les mois pleins de roses
Et les mois en *r*.

Et après ? et après ?
Quand j'aurai tout vu,
Que je serai nu
20 Sous un grand cyprès[2] ?

notes

1. Coca-Cola : soda inventé par un pharmacien américain. Cette boisson, connue dans le monde entier, est l'un des symboles des États-Unis d'Amérique.
2. cyprès : arbre planté dans les cimetières, symbole de mort.

Et après, mes petits rats ?
Mes petits radars
Rats de l'Opéra[1]
Et rats de bazar ?

25 Donnez-moi une canne
Pour la cécité[2],
J'ai tout vu, sauf Anne
Mon soleil d'été.

Donnez-moi une canne
30 Pour mieux traverser,
Je vais faire l'âne
Et aller m'coucher.

---

note

1. Rats de l'Opéra : jeunes élèves de la classe de danse de l'Opéra de Paris.   ***2. cécité :*** état d'une personne aveugle.

Aglaé

Quand je s'rai mûr pour le négoce
J'irai trouver le Roi d'Écosse
Et lui dirai sans plus tarder :
« Je veux votre fille, Aglaé. »

Elle a des taches de rousseur
Des yeux pistache et de grands pieds
Une bouche en forme de cœur
Un air malgache[1] qui me sied.

« J'ai vu son portrait en entier
Dans les pages roses du Petit Larousse[2].
Oh ! qu'elle est rose ! Oh ! qu'elle est rousse !
Sire, j'en pince pour Aglaé.

Ouvrez cette malle et voyez :
Elle est pleine jusqu'à ras bord
De billes en verre et en acier
Qui moult[3] efforts m'ont demandé.

Un autre coffret que voici
Contient des crottes de ouistiti...
... Admirez aussi cette glace
Faite d'eau vive et de mélasse[4].

---

notes

1. malgache : de Madagascar.
2. pages roses du Petit Larousse : pages en papier rose qui comportent des citations grecques et latines.
3. moult : de nombreux.
4. mélasse : sous-produit de la fabrication du sucre, de couleur brune et de consistance visqueuse.

Aglaé

Sire, ne bâillez point, vous allez voir bientôt
Surgir à l'horizon ma troupe de chameaux.
Ils arrivent tout droit des sables du désert
Leurs flancs maigres bourrés de pelles à dessert. »

25 (Oh ! qu'elle est rose, oh ! qu'elle est rousse,
Sous des dehors très débonnaires[1] !
Elle me dit des mots en douce
Des mots bannis du dictionnaire.)

« Ma collection de papillons
30 S'est envolée un jour d'avril.
Mais mon cœur qui bat pavillon
Vaut bien les richesses du Nil[2].

Tous les cailloux que j'ai trouvés
Au cours de mes expéditions
35 Roucoulent, Sire, à mon seul nom.
Je les mets aux pieds d'Aglaé !

Je me jette moi-même à ses genoux de lait
Et lui jure, par Dieu, la plus dure constance.
Baissez Votre regard : je ne suis point si laid,
40 Ma mère était sirène et sifflotait des stances[3].

Ô Sire, ô puissant Roi
Qui régnez sur tant de myrtilles,
Toute ma vie aurai grand froid
Si ne m'accordez votre fille ! »

. . . .
. . . .

notes

1. débonnaires : d'une trop grande bonté.   **3. stances :** strophes de vers lyriques.
2. Le Nil est le plus long fleuve d'Afrique.

Alors, abandonnant ses trônes et ses lys,
Le Roi d'Écosse au bord des pleurs
Dira : « Ma fille, ce puits de délices
Est la prunelle de mon cœur.

Mais il est temps de la marier
De la parer pour le gala.
Je vous la donne, prenez-la,
Vous lui ferez des lévriers[1] ! »

Hélas ! Hélas ! j'ai dû rêver :
Le Roi d'Écosse a trépassé
Il y a bien six cent quatre ans
Avec son ami Ferdinand.

Et je m'en vais dans les allées
Une page rose arrachée
Au dictionnaire d'ici-bas
En murmurant aux azalées
Le nom qui fait que mon cœur bat
Et que le ciel est si léger
Aglaé ! Aglaé !

---

note

1. lévriers : chiens très rapides à la course.

J'ai trempé mon doigt dans la confiture

J'ai trempé mon doigt dans la confiture
Turelure.
Ça sentait les abeilles
Ça sentait les groseilles
Ça sentait le soleil.
J'ai trempé mon doigt dans la confiture
Puis je l'ai sucé,
Comme on suce les joues de bonne grand-maman
Qui n'a plus mal aux dents
Et qui parle de fées...
Puis je l'ai sucé
Sucé
Mais tellement sucé
Que je l'ai avalé !

Échanges

Quand les tout-petits
Sur le coup d'minuit
Quand les tout-petits
Font pipi au lit,
5   Attendez un peu : v'là leurs lits qui flottent
Sur un océan on n'peut plus secret :
Bonne soupe aux choux, soupe de navets
Une mer limpide aux brillants reflets
Avec des poissons quasi polyglottes[1].

10   Le lest est jeté !
Mon ours met les voiles
Les lois sont vaincues de la pesanteur.
Sur mon ventre nu repose une étoile
L'étoile de mer de la volupté
15   Et qu'importe au loin ce bruit de moteur !

Le lest est jeté, je vole très fort
Mer et ciel mêlés couleur de pipi
Mer et ciel d'argent couleur de l'aurore.

Très fort et très haut
20   Jusqu'au paradis
Où des angelots[2]
Bel et bien nourris

Où des angelots
Joufflus et très forts
25   Font tomber la pluie
D'leurs zizis en or.

notes

1. polyglottes : parlant plusieurs langues.
2. angelots : petits anges dans l'imagerie religieuse.

Berceuse de l'enfant qui ne veut pas grandir

Mon petit frère a le bourdon[1]
Et ma petite sœur bourdonne.
L'âne du ciel broute un chardon :
Une vieille étoile d'automne.

5   Papa est mort depuis longtemps
Dans une guerre expéditive.
Maman s'en va par tous les temps
Rejoindre un monsieur de Tananarive[2].

Dormez, dormez, grandes personnes.
10 *Le volet claque, la nuit vient.*
C'est toujours la même heure qui sonne
Priez pour mon ange gardien !

Je serre mon harmonica
Contre mon cœur et sa brûlure.
15 Je suis le dernier des Incas[3]
Et le premier de ma nature.

Ah ! ne me faites pas grandir,
Je sais déjà toutes les choses.
La nuit, bientôt, va m'étourdir
20 Je respire à petites doses.

notes

1. a le bourdon : est triste sans raison.
2. Tananarive : Antananarivo, capitale de Madagascar.
3. Incas : Amérindiens d'Amérique du Sud dont l'empire, situé au Pérou, s'effondra en quelques années (1527-1532) sous les coups des conquistadors espagnols.

Dormez, dormez, grandes personnes.
Le volet claque, la nuit vient.
C'est toujours la même heure qui sonne
Priez pour mon ange gardien !

Ah ! que je reste tout petit,
Déjà trop grand pour tant de larmes !
Une seule étoile suffit
À désarmer tous les gendarmes.

Maman est avec le Monsieur
Qui ne se couche qu'aux aurores.
Je vais compter jusqu'à cent deux
Je vais attendre, attendre encore...

Dormez, dormez, grandes personnes.
Le volet claque, la nuit vient.
C'est toujours la même heure qui sonne
Priez pour mon ange gardien !

Tom Sawyer

Tom Sawyer[1]
Sans en avoir l'air
A parcouru tout l'univers.

Il a fait pipi
5 Dans le Mississippi[2].

Sur les bords du Saint-Laurent[3]
Il haranguait les harengs.

Il a fait des pieds de nez
Aux géants et aux Pygmées[4].

10 Toujours il trouvait un singe
Pour lui repriser son linge.

Parfois il ne mangeait pas
Pour éloigner les boas.

Et quand il était trop maigre
15 Il couchait avec les nègres.

Il explorait des cavernes
Et des mondes subalternes.

Il découvrait des trésors
Qu'il jetait par-dessus bord.

notes
1. Tom Sawyer : héros d'un roman *(Les Aventures de Tom Sawyer)* qui se déroule le long du fleuve Mississippi. Son auteur est l'écrivain américain Mark Twain (1835-1910).
2. Mississippi : principal fleuve des États-Unis d'Amérique.
3. Saint-Laurent : grand fleuve d'Amérique du Nord.
4. Pygmées : populations nomades d'Afrique centrale composées d'hommes de très petite taille.

Des tours et des tours pendables
Qu'il jouait à tous les notables.

Et si on l'a pas pendu
C'est vraiment qu'on n'a pas pu !

Sur des bateaux à vapeur
Il fumait comme un sapeur.

Il déambulait souvent
Ses poches remplies de vent,

Mais toujours un grand couteau
Pour parer aux zigotos.

Il fessait les orphelins
Qui partageaient pas leur pain.

Embrassait les orphelines
Qui jouaient de la mandoline.

Des crocs-en-jambe il donnait
Au diable quand il boitait.

Il a eu mille aventures
Ce qui l'a rendu très dur.

Mais son cœur était si bon
Qu'on n'en voyait pas le fond.

. . . .
. . . .

Ma mère c'est ma mère.
Mon père c'est mon père.
Ma sœur c'est du beurre.
Tom Sawyer c'est mon frère.

Manège

Les chevaux de bois sont pas tous en bois
Les petits cochons vont pas tous en rond.

      La dernière fois
      Le cheval de bois
      Que j'avais monté
      Voulait m'renverser.
      J'ai pris son oreille
      Je lui ai mordu
      Le sang de l'oreille
      Je lui ai tout bu.
      Alors il m'a dit :
      « Pourquoi tu m'fais mal ?
      Je n'suis qu'un cheval
      Tu n'est pas gentil. »
      Et il m'a promis
      Que quand je voudrais
      Il m'emporterait
      Jusqu'au Paradis !

      . . . .
      Le petit cochon
      Aux yeux de cochon
      Que j'avais monté
      Un beau jour d'été
      Voulait s'échapper
      Des autres cochons.
      Il courait si vite
      Qu'il faillit me tuer,
      Ça sentait les frites
      De tous les côtés !

           Mais j'tirai si fort
           Sur sa queue en or
           Qu'elle me resta
           Entre les dix doigts.
           Je l'ai rapportée
           L'soir, à la maison,
           Ça sert aux dîners
           Comme tire-bouchon.

Les chevaux de bois sont pas tous en bois
Les petits cochons vont pas tous en rond.

La marmotte

Un réveil à la main, la marmotte, un beau jour
Réunit ses enfants
(Ils se comptaient deux cents)
Au bord d'une clairière,
5   Et leur dit
Lorsqu'ils eurent posé leurs pelucheux derrières :

« Nous voici mercredi
La veille de jeudi, lendemain de mardi
Prélude à vendredi et qui sait ? samedi.
10 Si vient le samedi pointera le dimanche
À nous en ce cas-là le dévorant lundi. »

Dans les rangs : le silence.
On ne peut pas toujours refuser l'évidence.

L'animal, après ce préambule,
15 Poursuivit de sa profonde voix de somnambule[1] :
« Ainsi l'heure s'engrosse et tombe comme un fruit.
(Dans les rangs, aucun bruit)
À moins de n'y prêter une énorme attention
Savez-vous bien que nous risquons
20 De nous retrouver ici dans dix ans
Un autre mercredi semblable étonnamment
L'oreille moins aimable
Le poil un peu plus blanc
En ayant tout ce temps dormi ?
25 Car dans notre famille

note
1. somnambule : personne qui marche en dormant.

C'est fou ce qu'on roupille !
Est-ce là vraiment une vie
Que de plonger le jour tout au fond de la nuit ? »
Tous les enfants à ce discours
Dormaient déjà comme des sourds.
Elle-même bâillait intérieurement
Mais n'en laissait rien voir.
(On n'est pas des loirs !)
Il faut se dominer lorsque l'on est maman.

Notre valeureux mammifère
Poursuivit de sa voix aux vertus somnifères[1] :
« Au siècle du radar et de l'atome
Il y a quelque crime à demeurer *at home*[2].
L'homme — cet inconnu — progresse énormément.
Mes chers petits enfants
Vous devez être dans le vent.
Ne vous laissez pas clouer par les événements,
Le Temps est un nectar qu'il faut goûter à temps. »
Elle allait s'endormir quand le réveil sonna.
Un gros réveille-matin de marque Arizona[3]
Qui faisait un boucan[4]
À crever les tympans.
« Mais grâce à cet engin, dit-elle en sursautant.
Nous pouvons garder l'œil ouvert sur le destin. »
Or, à ce moment-là,
Une bombe atomique auprès d'elle explosa.
(Les hommes sont gamins,

---

notes

1. somnifères : qui provoquent le sommeil.
2. at home : « à la maison », en anglais.
3. Arizona : État du Sud-Ouest des États-Unis d'Amérique.
4. boucan : bruit très fort, tapage (terme familier).

La marmotte

Ils s'amusent d'un rien.)
La terre et le soleil volèrent en éclats.
55 Plus besoin d'autres mots
Marmottes et marmots[1]
Passèrent avec fracas
De vie à ce qu'on nomme le trépas.
Le monde retomba dans son premier sommeil.

60 C'était un mercredi
Lendemain de mardi.
Mais pas plus de jeudis
Que de prochains dimanches.

Oh ! dans le vide ouvert ce peu de poudre blanche…

. . . .
. . . .

65 Dormez ! N'écoutez point les actuelles marmottes.
La vérité du Ciel gît dans notre terrier.
Pour être dans le vent on a vu des cohortes[2]
De vivants déjà morts de n'avoir su rêver.
L'homme qui tant s'agite
70 A perdu son orbite.
Dormez ! Il sera temps au Jugement dernier[3],
Attendant votre tour,
De faire avec votre ange une ultime belote
Sans le souci des jours.
75 Dormez ! Tous les dormeurs sont les plus éveillés.

notes

1. marmots : petits enfants. Jeu de mots avec « Marmottes ».
2. cohortes : une cohorte était la dixième partie d'une légion romaine ; par extension, un nombre important de personnes.
3. Jugement dernier : celui que Dieu portera sur les vivants et sur les morts ressuscités, à la fin du monde.

Dimanche

Charlotte
Fait de la compote.

Bertrand
Suce des harengs.

5 Cunégonde
Se teint en blonde.

Épaminondas[1]
Cire ses godasses.

Thérèse
10 Souffle sur la braise.

Léon
Peint des potirons.

Brigitte
S'agite, s'agite.

15 Adhémar
Dit qu'il en a marre.

La pendule
Fabrique des virgules.

Et moi dans tout cha ?
20 Et moi dans tout cha ?

Moi, ze ne bouze pas
Sur ma langue z'ai un chat.

---

note

1. Épaminondas : général béotien (418-362) qui imposa une éphémère domination de Thèbes sur la Grèce.

La Sologne

Vivement mes dix ans
(Ah ! cogne mon cœur, cogne !)
Vivement mes dix ans
Pour aller en Sologne[1].

En Sologne la neige
Tombe jusqu'au mois d'août.
On y chasse en cortège
On y chasse le loup.

Des loups qui sont tout blancs
Mais avec des dents noires.
Leurs pattes de devant
Écrivent des histoires.

En Sologne il y a
Princes et troïkas[2].
C'est un peu la Pologne
Mais en plus délicat.

Loups et Princes sans cesse
Font que fatalement
Surgissent des Princesses
Aux plus petits moments.

Des Princesses de neige
Avec des yeux de loup
Qui vous passent en rêve
Leur bras autour du cou.

notes

1. Sologne : région du Centre de la France qui est une grande réserve de chasse. **2. troïkas :** traîneaux tirés par trois chevaux.

L'une, vers moi s'avance
Et me dit en dormant :
« Petit homme de France
Tu seras mon amant. »

Ah ! vite mes dix ans
Et bien plus davantage.
Qu'un tel frémissement
Fasse avancer mon âge !

Dans les forêts perdues
Quelque parc en Sologne
Mon cœur déjà fendu
Bat pour les autochtones[1].

Mon corps sous les étoiles
Grandit à pas de loup.
Ma Princesse-Sans-Voiles
Dormez ! Je suis à vous.

Je serai fort et brave
Et, vous prenant la main,
Légers et pourtant graves
Irons par les chemins,

Les longs chemins d'automne
Qui mènent aux ronds-points
Où les loups de Sologne
Viennent lécher nos mains.

---

note

1. autochtones : populations originaires d'une région qu'elles habitent.

Froid dans le dos

Bientôt dans pas longtemps, bientôt
N'y aura plus que des manchots[1].
Que des savants à tête d'âne
Des hommes-tronc[2] comme les femmes
Du même nom.
Des culs-de-jatte[3]
Des impotents[4] omnipotents[5]
Des bébés béants,
Des robots avec des piles
Privés d'sentiment et de sex-appeal.
Des zeunuques[6]
Des zinzins
Des bébés caduques[7]
Des millions de crétins !

(C'est papa qui dit ça
Tous les soirs, en plein milieu du repas)

Des jockeys
Des foutriquets
Des bons-à-tout
Des fous
Des gens de cinéma
Des faces de rat

notes

1. manchots : personnes privées de bras ou de main.
2. hommes-tronc : personnes n'ayant ni bras ni jambes.
3. culs-de-jatte : personnes dépourvues de jambes.
4. impotents : personnes qui ne se déplacent qu'avec difficulté.
5. omnipotents : qui sont tout-puissants.
6. zeunuques : graphie burlesque, reprenant la liaison avec le déterminant pour « les eunuques », personnes émasculées.
7. bébés caduques : jeu de mots sur la publicité pour le savon Bébé Cadum.

Des Au-quatrième-top-il-sera
Des clopes[1]
Des lopes[2]
Des clopinettes[3]
Des lavettes[4],
Des téléspectateurs
À petites vapeurs,
Des laveurs d'huîtres
Des collectionneurs de mitres[5],
Des zimpuissants
Qui s'croient Tarzan,
Des mollusques.
Tout ça n'vaut pas la civilisation étrusque[6] !

(Maman, en attendant que ça se passe,
Écoute le bruit de la mer tout au fond de sa tasse.)

Adieu les zirondelles[7] !
Adieu les cachalots !
Le ciel perd ses bretelles
Mon pauvre petit marmot !

(Papa tourne alors vers moi
Un visage de Roi qui s'rait tombé à l'eau.)

notes

1. clopes : mégots, cigarettes (forme familière).
2. lopes : hommes lâches (forme très familière).
3. Des clopinettes : rien (forme familière).
4. lavettes : hommes veules, sans énergie (forme familière).
5. mitres : chapeaux d'évêque.
6. civilisation étrusque : civilisation préromaine de la région de Rome, en Italie.
7. zirondelles : graphie burlesque, reprenant la liaison pour *les hirondelles*.

On est dans d'foutus draps.
Au train d'enfer où ça va
Mon pauvre petit gars,
L'avenir, c'est pas du chocolat.

Bientôt, y'aura plus rien.
Le Pape ne s'ra qu'une bulle[1]
Et la terre un désert
Peuplé de mandibules.
Y'aura plus rien
Plus un homme, plus un chien
Plus une pomme, plus une prune
Rien... rien...

Y'aura plus qu'la lune !

---

note

1. bulle : décret publié par le pape.

Grand'mère

Grand'mère
Se courbe toujours vers la terre
Et au début
Je me demandais ce qu'elle avait perdu ?

Mais elle n'a rien perdu du tout
Elle a plein de tours polissons
Et si elle plie comme ça les genoux
À les rentrer dans le menton
C'est pour mieux jouer à saute-mouton.

En ce temps-là…

En ce temps-là, Jésus dit à ses disciples :
« Vous êtes des pommes de terre, je vous changerai en [frites. »[1]
Épatés qu'ils furent
Par la procédure,
5   Mais comme Jésus c'était Dieu
Difficile de trouver mieux !

Se donnant la main
Ils allaient par les chemins
En ne fabriquant plus rien.

10 Saint Pierre[2] était le plus fort.
Un peu marseillais sur les bords
Hâbleur[3]
Persifleur
Moi je ceci moi je cela
15 On a vu le résultat !

Jacques[4] et André[5]
Les fils de Zébédée[6]
Ne connaissaient même pas l'a, b, c, d.
En ce temps-là, comme l'école n'était pas obligatoire
20 Qu'on ne savait pas lire
Encore moins écrire

---

notes

1. Parodie de la Cène, dernier repas du Christ où celui-ci multiplie les petits pains et transforme l'eau en vin.
2. Saint Pierre : apôtre de Jésus, considéré comme le premier pape. Il serait mort entre 64 et 67.
3. Hâbleur : beau parleur.
4. Jacques : apôtre de Jésus. Ses reliques à Compostelle deviennent au xe siècle le but d'un célèbre pèlerinage.
5. André : apôtre de Jésus, frère de Pierre.
6. Zébédée : personnage biblique, père de saint Jacques et saint Jean l'Évangéliste. Mari de Salomé.

C'était à qui raconterait des histoires.

Saint Jean[1] fondait tout l'temps
Fondait en r'merciements.
Il croyait chaque jour
Croyait mourir d'amour.

Thomas[2] croyait en rien.
Croyait même pas en lui.
« Dis-moi que c'est moi qui suis bien Thomas »
Qu'il demandait, inquiet, à autrui.
Le vide le rendait comme fou :
Il mettait toujours ses doigts dans les trous.

Matthieu[3], quand il était en liesse
Au soleil montrait ses fesses.
Philippe[4] et Barthélemy[5]
Jouaient aux osselets en catimini.

(Ils avaient la frousse.
Jésus leur avait dit d'une voix douce
Mais sur un drôle de ton :
« Ces os ressusciteront
Entourés de chair rousse. »)

notes

1. Saint Jean : apôtre de Jésus, il évangélise l'Asie Mineure. Auteur de l'Apocalypse, de trois Épîtres et du quatrième Évangile, il est représenté avec un aigle.
2. Thomas : apôtre de Jésus qui aurait évangélisé la Perse et l'Inde. Comme il doute de la Résurrection, il devient le modèle de l'incrédule, qui ne croit que ce qu'il voit.
3. Matthieu : apôtre de Jésus qui serait l'auteur du premier Évangile.
4. Philippe : apôtre de Jésus. Aurait évangélisé la Phrygie.
5. Barthélemy : apôtre de Jésus.

En ce temps-là...

    Judas[1]
    Quand il était là
    Portait toujours la main au plat
45   Avec son regard de Judas.

    En gros, tous les disciples étaient bouchés.
    C'étaient de pauvres mâles
    Qui comprenaient que dalle
    À l'éternité.
50   C'étaient de pauvres hommes
    Qui vivaient avec Dieu en plein capharnaüm[2].

    En ce temps-là pourtant
    Les petites gens
    Prenaient de l'avancement.
55   Les derniers couraient plus vite que les premiers.
    Les muets parlaient comme des merles
    On trouvait des perles dans les sangliers.

    En ce temps-là, les femmes adultères
    Repartaient pour la guerre.
60   Les morts se relevaient
    Comme si de rien n'était
    Et, se frottant les yeux un brin,
    Aussi sec reprenaient leur train-train.

---

notes

1. Judas Iscariote, apôtre de Jésus. Il le livre à ses ennemis pour trente deniers, puis, pris de remords, se pend.

2. capharnaüm : lieu en désordre. Ville de l'ancienne Galilée.

Pour tous ceux qu'avaient froid
Qui cherchaient des mitaines
Ils se rendaient déjà
À la Samaritaine[1].

La terre tutoyait le ciel
L'eau c'était du bordeaux[2]
Les flots courroucés devenaient du miel.

Y'en avait encore quelques autres
De disciples qu'il faut pas confondre avec les apôtres.

Oui, saint Pierre était le plus fort
Mais quand il rencontrait un coq[3]
Ça lui faisait un choc.
Il pleurait, paraît-il, toutes les larmes de son corps.
C'est cependant sa foi qu'était la plus *ad hoc*.

En ce temps-là, les choux étaient en fleurs
Et moi j'étais dedans[4]
À me tourner les pouces en attendant mon heure.

---

notes

1. Samaritaine : jeu de mots sur *le bon Samaritain*, personnage d'une parabole qui est un modèle de charité et le grand magasin *La Samaritaine*, situé à Paris et dont le slogan annonçait : « On trouve tout à la Samaritaine. »
2. Allusion à la transformation de l'eau en vin par Jésus.
3. Allusion au fait que Pierre pleure le lendemain de l'arrestation du Christ car il l'a renié pour sauver sa vie.
4. Allusion à la tradition populaire qui prétend que les garçons naissent dans les choux et les filles dans les roses.

Antoinette et moi

Antoinette et moi
On va dans les bois.
On connaît un coin
Où n'y a qu'des lapins.

5   Antoinette et moi
On va dans les bois.
C'est à qui des deux
Grandira le mieux.

Quand on sera grand
10 On s'ra des amants
On s'embrassera
Comme Élise et Nicolas[1].

Mais il faut pousser
Pour bien s'emboîter
15 Et pas avoir peur
De perdre sa pudeur.

On s'ra des amants
Des bouches, des bras
Des regards flambants
20 Des *et cætera*[2].

---

notes

1. *Élise et Nicolas* : prénoms qui renvoient peut-être aux personnages d'une chanson des années 1960.
2. et cætera : « et les autres choses », en latin.

Mais il faut grandir
On est trop petits
C'est comme un navire
Qui s'rait pas bâti.

Antoinette et moi
On va dans les bois
Pour grandir ensemble
Un peu chaque fois.

Elle me tire les jambes
Je lui tire les bras
Elle me tire la langue
Je lui tire les doigts

À force de tirer
De nous faire craquer
On doit bien gagner
Un peu d'chaque côté.

Parfois on s'met nus
Quand y'a du soleil,
Ça frappe la vue
Qu'on n'est pas pareils.

Mais on est bien fait
Pour se délecter :
Sa peau c'est du lait
Et moi j'suis du thé.

Et quand on s'endort
Tous les deux comme ça
Je sens très très fort
Que je n'mourrai pas.

Comptine

Trou
Pouf
Plum-pudding[1] !
Une autruche dans le ring
De la dynastie des Ming[2]
Chapeau de forme et smoking
Pond un œuf duraluming[3]
En chantant God save the king[4]
Tu me dois trente shillings.[5]
Trou
Pouf
Plum-baba !
Ah dis donc dis à Béba[6]
Qu'on va manger du rata[7]
D'la soupe aux rutabagas[8]
Avec des morceaux de lard
Qui flottent dessus dare-dare[9]
Tu me dois cinquante dollars[10].

. . . .
. . . .

notes

1. Plum-pudding : pâtisserie d'origine britannique.
2. dynastie des Ming : dynastie impériale chinoise (1368-1644).
3. duraluming : de *duralumin*, alliage d'aluminium. Matériau inventé au début du xxe siècle et dont l'usage s'est répandu pendant les années 1930.
4. God save the king : « Que Dieu sauve le roi », en anglais. Parodie de l'hymne national britannique *God Save the Queen* (« Que Dieu sauve la reine »).
5. shillings : ancienne unité monétaire anglaise.
6. Ah dis donc dis à Béba : jeu de mots sur le nom de la capitale de l'Éthiopie, Addis-Abeba.
7. rata : plat peu appétissant (forme familière).
8. rutabagas : légumes de la famille des navets.
9. dare-dare : très vite (forme familière).
10. dollars : unité monétaire des États-Unis d'Amérique, du Canada et de différents pays dans le monde.

Un, deux, trois
Rien
Tête de chien.
Trois, deux, un
Poux
T'es dans l'trou !

. . . .
— T'es dans l'trou, j'te dis !
T'es fait.
Happy Birthday[1] !
Moi, je vais mettre mes bigoudis
Et toi tu restes à Calais[2].

— Je m'en fous
J'comprends pas l'anglais !

---

notes

1. Happy Birthday : « Joyeux anniversaire », en anglais.

2. Calais : port français, point de départ des liaisons maritimes vers l'Angleterre.

Petite conversation téléphonique

Allô ? Allô ?
Ah lala !
Allô ? madame Croche ?...
Allô ?
Mais qu'est-ce qu'il a cet appareil ?
Allô ?
Ah ! c'est vous madame Croche !
C'est moi.
Je voudrais douze tonnes de petits pois
Une salade, trois anchois, et...
Et des crottes de pékinois.
... De pé-ki-nois. Mais qu'est-ce qu'il a cet appareil ?
Comment ?
Parlez plus fort, madame Croche, je ne vous entends pas.
Pas possible, vous mâchez des bouts de zan[1] ! Comment ?
Vous avez des rhumatismes !
Ça, c'est le bouquet.
Gardez-les vos rhumatismes, je n'en veux pas.
Ils ne sont pas frais.
Non... oui... non... oui... Oui que j'vous dis.
Vous me donnerez aussi
Une douzaine d'œufs de la nuit.
Des œufs de poules noires...
... Comment ça, des histoires ?
Si vous ne me les donnez pas
Vous aurez affaire à moi !
Allô ?... Allô ?... Ne criez pas ! Allô ?

note

1. zan : confiserie à la réglisse.

Mais qu'est-ce qu'il a cet appareil ?
C'est plein de friture de groseilles...
... Allô ? C'est vous madame Croche ?
C'est encore moi.
Articulez, je vous prie... Ar-ti...
Les mots, c'est pas de la bouillie
C'est pas du pipi de chat
De la vaseline pour les rats
C'est pas du beurre qui s'rait rance
Arti... Non, le prix n'a pas d'importance
C'est papa qui paie... Papa.
Il n'est pas non plus très frais
Toujours en voyage
Avec ses bagages.
Maman ? Elle fait la vaisselle avec des gants.
Vous entendez en ce moment ?
Le robinet d'eau chaude fait un bruit d'éléphant.
Quand j'aurai fini avec vous j'appellerai le plombier :
Il est très musclé.
Allô ? Ne coupez pas !...
Vous n'allez pas couper ! Ça serait culotté !
Allô ?
Moi, ça se maintient, je vous remercie.
J'ai quand même des soucis.
Ma poupée Dolly ne travaille pas très bien
Elle ne se lave jamais les mains
Une vraie tête de chien.
Et vous ?
... Et vous que j'dis ?
Ah ! cet appareil c'est pas le paradis !

Faudra le frotter au papier émeri[1].
Vous avez encore des douleurs ?
Vous mangez trop de petits-beurre.
Vous dormez pas bien la nuit ?
N'avez qu'à manger du brie...
... Ah ! ça va, ça va
Vos histoires ne m'intéressent pas
Coupez court !
Vous vous croyez à Azincourt[2].
Vous me donnerez aussi
Des salsifis[3]
De la ciboulette
De la poudre d'escampette
Et vous me mettrez par-dessus
Un gros ours en tutu
Enrobé de chocolat. Voilà.
... Comment, ça n'existe pas ?
Allô ?
Et mon p'tit frère ?
Il n'existe pas non plus ?
Et le gruyère ?
Il se fabrique à Honolulu[4] ?
... Allô ?... Allô ?...
Ah ! cet appareil faudra lui couper la tête.
Allô... Et puis d'abord vous êtes trop bête, madame [Croche
Je raccroche !

notes

1. papier émeri : papier abrasif destiné au ponçage.
2. Azincourt : lieu d'une bataille de la guerre de Cent Ans, le 25 octobre 1415, remportée par les Anglais et qui leur permit de conquérir une grande partie de la France.
3. salsifis : plantes potagères dont les racines sont comestibles.
4. Honolulu : capitale de l'État d'Hawaii (États-unis d'Amérique) dans l'océan Pacifique.

Bête à bon Dieu

Bête à bon Dieu[1] fais-moi-t-un beau dimanche !
Que je sois fort
Comme un toréador
Pour casser la gueule à Gaston
5   Qui m'a empêché de copier sa composition.

Bête à bon Dieu fais-moi-t-un beau dimanche :
Qu'il pleuve à torrents
Qu'il pleuve comme aux enterrements,
Comme dans les films, encore plus que nature !
10 Je pourrai tremper mes chaussures
Mes chaussures de lézard dans les flaques d'eau,
Mes chaussures seront des bateaux
Mes jambes les radars d'une autre planète
Et je ferai naufrage dans mes chaussettes.

15 Bête à bon Dieu fais-moi-t-un beau dimanche :
Que tante Eulalie ne vienne pas
Elle est trop vieille pour moi !
Elle apporte toujours des médicaments
Pour que je devienne plus grand,
20 Mais je voudrais bien savoir celui qu'elle prend :
Chaque fois qu'elle vient chez nous
Elle rapetisse à tous les coups !

---

note

1. Bête à bon Dieu : surnom populaire de la coccinelle.

Bête à bon Dieu fais-moi-t-un beau dimanche
Que maman oublie de fermer le buffet à clef
J'irai boire la boîte de lait condensé[1]
Qui fait pipi dans mon gosier.

Bête à bon Dieu fais-moi-t-un beau dimanche :
Que Lison mette sa robe blanche
Et son collier d'anchois
Parce que je l'aime bien comme ça
Et je me fiche de savoir pourquoi !

Bête à bon Dieu fais-moi-t-un beau dimanche :
Qu'il pleuve à torrents
Que tante Eulalie ne vienne pas
Que le buffet ne ferme pas
Que Lison soit en robe blanche
Et si le bon Dieu est bon
Qu'il me fasse casser la gueule à Gaston.

---

note

1. lait condensé : lait concentré. C'est un procédé qui permettait de conserver le lait à une époque où les réfrigérateurs étaient rares.

Expectative[1]

Une limace, un jour, surprit une baleine :
« Ma mère c'est donc toi ! » dit la rampante enfant.

---
note

1. **Expectative :** attente.

Julot-Mandibule

Il paraît que César s'appelait Jules[1].
Le dernier de ma classe
Plein de taches de rousseur
Qui descend du capitaine Fracasse[2]
5 Par sa sœur
S'appelle aussi Jules !
Dit : Julot-Mandibule[3].

Sans arrêt il remue les mâchoires :
D'où ce « mandibule » ostentatoire.

10 (Toujours à mâcher du chewing-gomme
On n'est plus tout à fait un homme.
On tombe nonchalamment
Dans le règne des ruminants.)

Julot-Mandibule
15 Qui descend aussi de sainte Gudule[4]
Par son arrière-grand-maman
En classe est un monument !

Jamais il ne fait un pas
Vers le savoir qu'est si précieux
20 Quand on veut dominer ses aïeux[5].
Il s'assoit au dernier rang
Sans regard prépondérant.

notes

1. Jules César, empereur romain (100-44).
2. capitaine Fracasse : héros du *Capitaine Fracasse*, roman de Théophile Gautier paru en 1863.
3. Mandibule : mâchoire.
4. sainte Gudule : patronne de Bruxelles. Julot-Mandibule est sans doute belge.
5. aïeux : ancêtres.

Se contente d'être là
Comme s'il n'y était pas.

Ruminant comme un forçat[1]
Son chewing-gomme au chocolat
En lui-même il se prélasse
Et croise hardiment les bras
En attendant que ça se passe.

Le calcul et la grammaire
Pour lui, c'est comme du gruyère.
Quand on fait une dictée
Il prend un air hébété
Et son chewing-gomme il colle
Sur le crâne d'Anatole.
Pendant les récitations
Il ronfle, on dirait un lion.

La maîtresse a beau se fâcher
Lui donner des bavoirs
Pour faire ses devoirs,
Sa mère venir le chercher
Habillée en noir
En tenant à la main un martinet[2] d'ivoire,
Son père lui sauter dessus
Quand il le trouve tout nu,
Julot-Mandibule
Ne bouge pas d'un scrupule.

---

notes

1. forçat : condamné aux travaux forcés dans un bagne.
2. martinet : fouet à plusieurs brins de cuir.

Mais un jour faudra bien qu'il lève l'ancre !
César, c'était pas un cancre.
Pour manger notre prochain
S'agit pas seulement de descendre de machin !
Surtout dans notre société
Qui ne tient plus compte de l'hérédité[1].

« T'en fais pas ! T'en fais pas !
Qu'il m'a mâchonné tout bas,
Laisse-les s'agiter
Se discréditer.
Il n'y a pas que Charlemagne[2] !
Quelqu'un de plus important
Que je connais intimement
Qui déplaçait les montagnes
Et faisait tomber le vent
Et courir les femmes en pagne
Et pleurer tous les savants,
A dit un jour, en son temps :
« Les premiers s'ront les derniers
« Et les derniers
S'ront les premiers[3]... »

. . . .

Mais c'est dur de résister !

---

notes

1. hérédité : ce qui se transmet des parents aux enfants, d'ascendant à descendant.
2. Charlemagne : Charles Ier le Grand (747-814), roi des Francs de 768 à 814 et empereur d'Occident de 800 à 814. Créa des écoles au sein des cathédrales et des monastères.
3. Morale de la parabole des *Ouvriers de la onzième heure* (Matthieu, xx, 16). Un patron embauche des ouvriers pour sa vigne ; il donne le même salaire à ceux qui ont commencé tôt et à ceux qui ont commencé tard leur journée et paie les retardataires en premier.

Le zizi perpétuel

Mon petit frère a un zizi
Mais moi, Zaza,
Je n'en ai pas.

Mon petit frère a un zizi
Toujours placé au bon endroit
Mais moi, Zaza,
Je n'en ai pas.
Pourquoi ?

Il me le montre sans répit
Pour me donner du dépit
Pour se donner un air gaulois
Pour m'enfoncer dans l'désarroi !

Il me le sort en catimini[1]
En tapis rouge en tapinois[2]
Et me le fait toucher du doigt :
C'est assez doux
Comme caoutchouc
Mais y'a pas de quoi
Perdre la foi.

Et moi, et moi, moi je me dis
Pourquoi mon frère a un zizi
Dans quel tiroir se font les lois ?
Le jour et la nuit
Son zizi le suit
Toujours placé au bon endroit.

notes

1. en catimini : en cachette, discrètement.   **2. en tapinois :** sournoisement.

Et moi, Zaza, dans les draps blancs
J'ai beau me tâter
Me tâter souvent
À la place où ç'aurait dû été
Que du vent ! Que du vent !

« Tu verras Zaza
Avec mon zizi
Un jour je serai le Roi »
Qu'il dit
Tout en lui collant tout autour du sparadrap.

À la fin c'est énervant
De manquer obstinément
De cette sorte d'émolument[1].

Si j'ai le regard zoulou[2]
Si j'ai le nombril sournois
Si je fais des coups en d'ssous
Si je pousse de guingois[3]
Si je ne fais pas mon poids
Faut pas demander pourquoi !

Mais pourquoi ?
Pourquoi ?

---

notes

1. émolument : honoraires, salaire.
2. zoulou : relatif aux Zoulous, peuple d'Afrique du Sud.
3. de guingois : de travers.

À force ce n'est plus maman

Maman est actrice de cinéma.
Elle est belle comme les images de chocolat
Et l'on voit souvent
Des hommes qui se tuent pour l'embrasser sur les dents !

5 Mais à force, ce n'est plus maman.
À force de la voir
Avec un tas de gens qui ont un tas d'histoires
Avec un tas de gens que je ne connais pas
Et qui ont toujours l'air de l'aimer plus que moi
10 À force, ce n'est plus maman.

Et les soirs qu'elle vient me border
Encore toute peinturlurée[1]
Dans une robe avec des voiles comme un grand navire,
Vite je lui souris et fais semblant de dormir.

15 Alors elle s'envole sur la pointe des pieds
Et je puis tranquillement pleurer
Sous les draps
Pour que le monde entier ne m'entende pas.

note

1. peinturlurée : maquillée avec excès.

Moi j'irai dans la lune...

Moi, j'irai dans la lune
Avec des petits pois,
Quelques mots de fortune
Et Blanquette, mon oie.

Nous dormirons là-haut
Un p'tit peu de guingois[1]
Au grand pays du froid
Où l'on voit des bateaux
Retenus par le dos.

Bateaux de brise-bise
Dont les ailes sont prises
Dans de vastes banquises.

Et des messieurs sans os
Remontent des phonos[2].

Blanquette sur mon cœur
M'avertira de l'heure :
Elle mange des pois
Tous les premiers du mois,

Elle claque du bec
Tous les minuits moins sept.

---

notes

1. *de guingois* : de travers.
2. *phonos* : phonographes, ancêtres des tourne-disques.

Oui, j'irai dans la lune !
J'y suis déjà allé
Une main dans la brume
M'a donné la fessée.

C'est la main de grand'mère
Morte l'année dernière.
(La main de mon Papa
Aime bien trop les draps !)

Oui, j'irai dans la lune,
Je vais recommencer.
Cette fois en cachette
En tenant mes souliers.

Pas besoin de fusée
Ni de toute une armée,
Je monte sur Blanquette
Hop ! on est arrivé !

Le petit Gengis Khan

Le petit Gengis Khan[1]
Qu'était pas du tout sot
Qu'était plutôt précoce,
Le petit Gengis Khan
À son berceau
Mangeait déjà énormément.

(C'était un berceau en bosses
En bosses de chameau.)

En plus du sein
Extrêmement sain
De sa maman,
Le petit Khan mangeait
Du saumon écossais
De la confiture de lard
Des biftèques[2] tartares
Des queues de léopards
Du caviar
Des agents de Scotland Yard[3]
Du sable, de la brique
Du râble[4] de serpent, des reliques[5]
Du toucan

notes

1. Gengis Khān (v. 1162-1227), fondateur de l'Empire mongol et grand conquérant.
2. biftèques : graphie burlesque pour le mot anglais *beefsteack* qui signifie « tranche de bœuf ». Un steak tartare se mange cru.
3. Scotland Yard : ancien siège de la police londonienne et, par métonymie, nom de cette police.
4. râble : dos du lapin, morceau de choix.
5. reliques : fragments du corps d'un saint que l'on conserve et auxquels on voue un culte. Par analogie, tout objet précieux ou tout vestige du passé.

Des tripes mongoliques[1]
À la mode de Caen.
Quel appétit ! Quel appétit !
Quel oblique appétit dévorait ce petit !

Ses proches, de nous lointains
Soupiraient dans leur coin :
« Quel gouffre dans ce lys
Dans ce petit Gengis.
Quel trou ! Quel précipice !
Quel ventre de boa !
Jusque-z-à quand Gengis
De manger cessera ?
Jusque-z'à quand Gengis
Que z'à quand Gengis Khan ? »

Et le vent du désert
Reprenait en concert :
« Zusque-z-à quand Zenzis
Que z'à quand Zenzis Khan ? »

Sa mère, toute indulgence
Malgré le dur climat,
Qu'avait donné naissance
À ce fatal état
Disait à l'entourage :
« Laissez, c'est de son âge.
Il faut être costaud
Pour gouverner l'Empire et ses nombreux fléaux. »
Elle mourut bientôt
Réduite à quelques os.

---

note

1. mongoliques : de Mongolie (néologisme formé par l'auteur).

50 Pommes de terre, pommes de fer
Sang de gazelle et de panthère
Pâtés de Turcs, pâtés de chiens
Anges gardiens avec leurs ailes
Arrosés de vin de Moselle,
55 De festins en festins
Notre petit païen
Grandit à la vitesse d'un éclair.

Sitôt qu'il fut sur pied
Poussant un rugissement
60 Et de plus en plus Khan
Gengis voulut manger le monde entier.

Quel appétit ! Quel appétit !
Quel oblique appétit dévorait cet esprit !

Avec maestria
65 Il avala l'Himalaya[1]
Les Indes squelettiques
La Russie soviétique
La Béribérie[2]
Le bassin qu'on dit méditerranéen
70 Nubiles[3], Phocéens[4]
Des quantités de villes
Et le Marché commun[5].

---

notes

1. Himalaya : plus haute chaîne de montagnes du monde, située entre le Tibet et l'Inde.
2. Béribérie : nom burlesque pour évoquer, peut-être, la Sibérie.
3. Nubiles : personnes en âge de se marier.
4. Phocéens : Marseillais.
5. Marché commun : nom qui fut donné à la Communauté économique européenne. Notation anachronique, car le Marché commun fut fondé en 1957, soit plus de 700 ans après le règne de Gengis Khān...

Ce n'est pas des cancans !
Le petit Khan
75 Devenu grand avant notre ère
De tous les conquérants fut le plus sanguinaire.

S'il avait poussé
Sa férocité
Jusqu'à maintenant,
80 Y'aurait plus de lois
Plus de monuments
Plus d'vélocité
Plus d'discernement
Plus jamais d'été
85 Et ni vous ni moi.

Heureusement le désert :
« Zusque-z'à quand Zenzis
Que z'à quand Zenzis Khan ? »
Heureusement le désert
90 Ousque règne saint Georges[1]
À grands coups d'ostensoir[2]
Un beau soir lui passa dans la gorge de travers.
Il rendit l'âme qu'il n'avait pas
Et le sable à jamais ensevelit ses pas.

MORALITÉ

95 Mamans, mamans, étouffez vos petits
Pendant qu'il en est temps.

---

notes

1. saint Georges : soldat romain martyrisé comme chrétien. On le représente terrassant un dragon. Selon la légende, c'est saint Antoine qui réside dans le désert.

2. ostensoir : présentoir richement orné dans lequel on expose l'hostie consacrée.

Battez, battez vos flancs !
Il est souvent trop tard avant d'avoir compris.
Mieux vaut battre vos flancs jusque z'à l'infini
Mieux occire[1] cet œuf usurpant votre nid
Mieux fabriquer un veuf
Oui, perdre votre vie,
Mieux ne pas renouer avec le Vatican[2]
Que de donner naissance à d'autres petits Khan.

---

notes

1. occire : tuer.
2. le Vatican : État du pape. Allusion à l'interdiction de l'avortement par l'Église catholique, alors que l'auteur préconise ici le contraire.

Tentation

Une écrevisse au long cours
Cette nuit m'a fait la cour :

« Oh ! le beau petit garçon que voilà !
Comme il est déjà grand
Comme il ressemble à son papa !
Les cheveux de corbeau qu'il tient de sa maman ! »

(C'était, faut bien le dire, une belle écrevisse.
Des dentelles partout
Sur son cou, sur ses bras, tout le long de ses cuisses,
Et des yeux lumineux qui me faisaient miaou...)

« Oh ! comme il est chou le petit garçon
Comme il est pou, comme il est genou
Je l'aime, je l'aime
Vivement la mi-carême[1]
Qu'on danse le guilledou[2] ! »

(Sa voix, faut bien le dire, était une voix douce
Des gouttes de cristal sur un tapis de mousse.)

« Si je ne me retenais pas
Je grimperais dans le lit de ce p'tit garçon-là
Presti presta
Je m'enfilerais dans ses draps
Je lui mettrais mes pinces autour du cou
Et nous ferions joujou, et nous ferions joujou...

---

notes

1. la mi-carême : jeudi de la troisième semaine du carême.

2. guilledou : courir le guilledou signifie « chercher des aventures amoureuses ».

Tentation

    — Halte-là, halte-là ! Madame l'Écrevisse
25   Je vous vois venir avec vos falbalas[1] :
    Vous voulez me pousser au vice !
    Ce n'est pas avec cette chanson
    Qu'on attrape les petits garçons ! »

    Ah ! si vous l'aviez vue
30   Tousser dans ses dentelles !
    Rentrer sous ses aisselles ses pinces toutes nues !
    Elle n'a plus rien trouvé à dire
    Qu'à rougir ! Qu'à rougir !
    Et puis, de guerre lasse,
35   Est repartie ailleurs changer de carapace.
    J'ai longtemps entendu
    Ses neufs paires de souliers
    Qui raclaient finement les marches de l'escalier...

    (C'était, faut bien le dire, un crustacé d'élite
40   Qui semblait pas du tout affecté par l'arthrite.)

---

note

1. *falbalas* : ornements d'un vêtement.

Emmène-moi voir Guignol

Maman
J'ai fini mes croquignoles[1]
Et j'ai des sous dans ma tirelire
Emmène-moi voir Guignol !

Emmène-moi voir Guignol
Que je te regarde rire.

L'œil à vif et toutes tes dents
Folichonnes sur deux rangs.

Quand tu vois Guignol
Qui donne des coups de bâton dans les cieux
Tu rigoles
Comme une casserole
Qui danse sur le feu !

Et des fois tu pleures tellement tu ris
Tu pousses des cris de colibri
Tu ris, tu pleures quand Ratapoil[2]
Met la moustache du gendarme !
Et quelques-unes de tes larmes

Luisantes comme la rosée du matin
Ça fait des petites étoiles
Qui tombent sur ma main...

notes

1. croquignoles : petites pâtisseries croquantes.
2. Ratapoil : terme familier pour désigner un partisan du militarisme. Vers 1850, le mot désigne le type de l'aventurier politique et propagandiste bonapartiste. Daumier en fit une scupture le caricaturant.

Les jumeaux de la nuit

Dans le ventre de maman
Nous avons cohabité
Ma petite sœur et moi
Un automne et un été.

5 Ah quel singulier bonheur !
Quel superbe appartement !
Loué à l'année, au mois
Selon le rythme des cœurs.

Ç'aurait pu être à Greenwich[1]
10 Le pays des méridiens[2]
Où l'on mange des sandwichs
Pour ne pas mourir de faim.

Ç'aurait pu être à Deauville[3]
À Stockholm[4], Saint-Sébastien[5]
15 À la montagne, à la ville
Non, c'était dans le jardin.

Un jardin très suspendu
Rempli de folles odeurs
On se baladait tout nus
20 Dans de grands intérieurs.

---

notes

1. Greenwich : faubourg de Londres dont le méridien a été choisi comme celui d'origine.
2. méridiens : lignes imaginaires passant par les deux Pôles de la Terre.
3. Deauville : station balnéaire de Normandie.
4. Stockholm : capitale de la Suède.
5. Saint-Sébastien : ville et port du Pays basque en Espagne.

Je me souviens très très bien
De tournesols inouïs
Et de tas de souterrains
Et de villes englouties.

25 Ma petite sœur et moi
On se trouvait là si bien
Que l'on chantait à deux voix
Les chants les plus grégoriens[1].

Ah ! oui, quelle joie !
30 Le ventre chaud de maman.
Et comme on avait la Foi
Dans la suite des événements.

Je me souviens à loisir
De nos rires, de nos jeux
35 Enfermés dans le plaisir
Ruminant comme des bœufs.

On jouait à cache-cache
À se donner du talon
À Sambre-et-Meuse[2]-Macache[3]
40 À Saute-moi-Colimaçon[4].

On courait à perdre haleine
D'une artère à un vaisseau.
Quand venait une baleine
On lui faisait le gros dos.

---

notes

1. chants [...] grégoriens : chants rituels de l'Église romaine dont la codification a été attribuée au pape Grégoire Ier. Le superlatif « *les plus grégoriens* » est un trait d'humour.

2. Sambre-et-Meuse : de *Sambre et Meuse*, marche militaire à la gloire des armées de la Révolution française.
3. Macache : rien (terme familier).
4. Jeu de mots sur des jeux d'enfants.

Les c'risiers étaient en fleurs
On tirait sur les moineaux,
Quand maman était en pleurs
On nageait entre deux eaux.

Une très douce lumière
Rayonnait dans notre nuit
Comme des roses trémières
Qu'on effeuillerait sans bruit.

Ma petite sœur Élise
Savait pas encore son nom.
Je l'appelais Brise-bise
Elle m'appelait Garçon.

Ah ! le ventre bel et bon !
Ah ! la merveilleuse tour
Où Brise-bise et Garçon
Se jouaient de jolis tours !

N'étions pas du tout pressés
De prendre l'hélicoptère.
Savions de manière innée
Qu'il faudrait pleurer sur terre.

On a dû mettre les fers
C'est maman qui nous l'a dit.
Ça marchait tout de travers
Pour sortir du paradis !

Ma petite sœur et moi
Avons, paraît-il, grandi.
Mais nous restons dans l'émoi
À ces souvenirs exquis.

Que maman soit toute plate
Ne nous décourage point.
Tous les soirs on se baratte[1]
Nous mêlons jambes et poings.

Et nos souffles dans la nuit
Quand on dort dans le lit blanc
Précipitent dans un puits
Ce monde-ci trop méchant.

---

note

1. on se baratte : on se remue, on se bat. De *baratte*, récipient clos dans lequel on bat la crème pour la transformer en beurre.

Dans la marmite ça ronronne

Dans la marmite ça ronronne
Ça n'arrête pas de ronronner.
Encore plus fort que papa
Quand il dort le nez bouché.

5   Ça ronronne dans la marmite, ça ronronne !

Ceux qui ne savent pas ce qu'il y a dedans
Font des yeux ronds comme des pommes
Mais moi je sais pourquoi :

C'est pas du lapin, c'est du chat.

Ouiquenne

Ouiquenne[1] ! Ouiquenne !
On va manger de la baleine !

On va manger de la baleine
On va manger du saucisson
On va mâcher de la romaine[2]
En arrivant près de Soissons[3].

Tassez-vous ! Tassez-vous !
La voiture à papa n'est pas en caoutchouc.

On va pousser grand'mère
Au fond d'la malle arrière.

On va plier Léon
Comme un accordéon.

On va fourguer Christine
Avec les mandarines.

Julien qui pèse rien
S'assiéra sur le chien.

Si l'chat n'est pas content
On lui coupera le d'vant.

Maman qui s'sacrifie
S'installera en dents d'scie.

Tassez-vous ! Tassez-vous !
Moi, je vais me mettre sur mes genoux.

notes

1. Ouiquenne : graphie burlesque, phonétique et francisée de l'anglais *weekend*, « fin de semaine ».
2. romaine : variété de laitue.
3. Soissons : ville de l'Aisne.

Ouiquenne

Ouiquenne ! Ouiquenne !
On va manger de la baleine !

Faudra pas oublier
Les raquettes, les paniers
La p'tite bombe atomique
Pour tuer les moustiques.
Le coffret à Kiki
La bassine à café
Cette jambe est à qui ?
L'éléphant à Dédé.
Les haltères, les boules
Saint-Philippe-du-Roule[1].

Faudrait pas oublier
La carte d'état-major
Et l'huile goménolée[2]
Et les huit transistors[3].
La cellule-photo
Pour pas rater les os.
La boussole à Lesseps[4]
Le gros réveille-matin
La pompe à gonfler les biceps
Le tourne-broche pour lapins.

Faudrait pas oublier ce qu'on oublie toujours
Je n'sais pas encore quoi mais ça manquera un jour !
Seigneur faites qu'il pleuve, qu'il gèle et fasse noir
La route se transforme alors en patinoire.

---

notes

1. Saint-Philippe-du-Roule : église du VIIIe arrondissement de Paris. Lieu de prière de la bourgeoisie.
2. goménolée : néologisme formé par l'auteur.
3. transistors : postes de radio.
4. Ferdinand de Lesseps, diplomate et administrateur français (1805-1894). Il fit percer le canal de Suez, puis celui de Panamá dont l'échec provoqua un scandale financier.

On se rentre dedans
Ainsi qu'au Turkestan[1].
Les phares volent en éclats
Le volant n'est plus là
Papa devient tout noir
Vaut mieux pas voir maman
Grand'mère du fond des temps
Pousse des hurlements
Dédé pleure et Kiki
Veut lui tordre le kiki[2]
Léon dit plus un mot
C'est autant de repos
Mais le pauvre Julien
Aboie avec le chien.
Ma p'tite amie Christine
Enlève ses bottines
Sa robe son tricot
Pour me montrer sa peau.
Le chat pendant c'temps-là
Fait des crottes en nougat
Et le Père éternel
Tourne la manivelle.

Avant dimanche c'est samedi
L'enfer vaut bien le paradis.
Ouiquenne ! Ouiquenne !
On va manger de la baleine !

---

notes

1. Turkestan : territoires d'Asie centrale peuplés majoritairement de Turcs (sud du Kazakhstan, Ouzbékistan, Tadjikistan, Turkménistan et Chine).

2. kiki : cou (forme familière).

C'est pas moi qui suis le Bon Dieu

C'est pas moi qui suis le bon Dieu
Et je crois que ça vaut mieux
Car je serais bien trop méchant
Avec les vilains garnements.

5   Je punirais Claude et Lison
Qui font des billes en carton
Marie, Nicole et Théophile
Georgette et son amie Lucile
Qui font tomber leurs pantalons
10   Avec des yeux de crocodile,
Le petit Aristote[1]
Dont on voit tous les os
Qui trempe des biscottes
Dans du sang de crapaud,
15   Surtout le vilain Nicolas
Qui a coupé la queue du chat.

Couper les moustaches c'est rien
Ça donne un air carolingien[2]
Mais couper la queue c'est méchant
20   Je ne vais plus savoir comment
Lui attacher la casserole
Qui faisait du tambour sur les cent marches de l'école.

notes

1. Aristote : nom d'un philosophe grec du IVe siècle av. J.-C.
2. carolingien : relatif à la dynastie franque qui succède aux Mérovingiens en 751. Doit son nom à Charlemagne (en latin, *Carolus Magnus*).

Rage de dents

Pot de chambre !
Chambre et Meuse[1] !
Ma dent creuse
Lance des éclairs.

5 Ma dent creuse
La gueuse ! La gueuse[2] !
Aux enchères !

Ah iaiaï !
Aïdé
10 Je dédé
Je déraille.

À moi Tata
Taratata
À moi Tonton
15 Pot comme un sourd
Petit potopon
Petit potopin
Pot de lapin
Pot !
20 Pot de lapon
De la Pompadour[3].

---

notes

1. Chambre et Meuse : jeu de mots sur *Sambre et Meuse*, marche militaire à la gloire des armées de la Révolution française.
2. gueuse : coquine, friponne.
3. Pompadour : maîtresse de Louis XV de 1745 à 1750, elle fut la protectrice des philosophes, des artistes et des écrivains.

Pot de terre
Pot de fer
Manchester[1]
Un petit pot d'air
Me fera du bien.

Pot de chien
Pot de vin
Pot de vilain !

Ah iaiaï
Où que j'aille
Ça me fouaille !

Que c'est creux
C'creugneugneu
Gneu vaut pas...
Mea culpa ! Mea culpa[2] !

Popu ! Popu !
À peu pu !
À popo !

Trop popo
Trop poli
Pour être ho
Honono
(Oh lala !)
Nononette
Popocatepetl[3] !

notes

1. Manchester : ville anglaise, centre financier, industriel et commercial.
2. Mea culpa : « C'est ma faute », en latin (formule de la confession chrétienne).
3. Popocatepetl : volcan du Centre du Mexique.

Pot au lit
Aux lilas
Laïla
Itou !
Itou !
Potiron
Rond de chat
Miaou !
De chapeau
Pot aux roses
Ma dent crose
Aux aïeux !

La foudre en gants bleus

Pot au feu
Au feu ! Au feu !

Ah iaiaï !
Aïoli !

Saperli
Li-Taï-Po
Lipopette
Pot à pot
Lepo
Ète
Fait son pot.

Ah iaiaï !
Vite mes funérailles

Les crocodiles

Les crocodiles croquent de verts croûtons
Puis descendent en ville
À bord de grands wagons
Des wagons longifiles[1]
Échappés aux typhons.

Très simples voyageurs
Leurs pattes sur le cœur
Ils ont l'air bien tranquilles
Sous leurs chapeaux melons
Leurs yeux comme des îles
Leurs crocs comme des bonbons.

Bottes en chlorophylle[2]
Gants en peau d'négrillons
Et mouchoirs en nylon
Larmes au coin des cils
Une voix de violon
Et chantant l'Évangile
À la moindre occasion
Tels sont les crocodiles
À leur apparition.

C'est surtout en avril
Qu'ils viennent, déguisés,
Et font qu'ils s'assimilent
Au monde civilisé.

notes

1. longifiles : mot-valise avec *longiligne* et *qui filent*.

2. chlorophylle : pigment végétal vert permettant l'assimilation du carbone par photosynthèse.

25 Mais dans l'ombre des villes
Se tâtant à tâtons
Ils se serrent en file
S'attaquant aux tétons
Des filles inutiles.

30 Et la presse du soir
Puis celle du matin
Propagent sans y croire
D'étranges bulletins :

« Mademoiselle Scholastique[1]
35 Qu'était pourtant en chair
Plus rien qu'un élastique
D'elle on a découvert.

« Bernadette et Lucile
On ne les a jamais revues
40 Un très gros crocodile
Sur elles avait des vues.

« Une petite vierge
A été retrouvée
Sous un tas de pavés.
45 Elle a toujours dix berges
Mais pour l'éternité.

« Héloïse et Juliette[2]
Nées à Pont-à-Mousson[3]

notes

1. Scholastique : la scolastique était l'enseignement dispensé à l'Université au cours du Moyen Âge. Pensée formaliste et verbeuse.
2. Héloïse et Juliette : personnages de *Julie ou la Nouvelle Héloïse*, roman sentimental de Jean-Jacques Rousseau (1712-1778).
3. Pont-à-Mousson : localité de Meurthe-et-Moselle où se fabriquent des tuyaux en fonte.

Ont quitté sans façon
Pour un faux domicile
Leur rustique maison.
Elles ont perdu la tête
À cause de la saison. »

À cause de ces Messieurs
Au langage si vert.
Elles voyaient les cieux
S'ouvrir dans le désert.

Dans le désert des villes
Pleines d'autos blindées
De lumières faciles
Et de cœurs lézardés...

Et je ne parle pas
De Colette, d'Anna
De bien d'autres nanas.
La lune et trois comètes
À qui nous les rendra !

. . . .
. . . .

J'aime les crocodiles
Et leurs sombres façons.
Si j'erre dans la ville
En quête de sensations
D'un pas tellement civil
Qu'il donne des pulsations,
Ne vous faites pas de bile
Je n'ai pas de tétons,
Ne vous faites pas de bile
Moi, je suis un garçon.

Balistique[1]

Si maman retirait ses boucles d'oreille
Je lui mettrais des boucles de cerises
Des cerises rouges comme le soleil
Des soleils tout rouges sur les oreilles.

5 Quand je reviendrai de l'église
Où j'aurai juré de n'être plus jamais gourmand,
Vite, j'irai mordre les cerises
Sur les oreilles de maman.

Et surtout
10 Quand le monsieur au chapeau mou
Que je n'aime pas du tout
Viendra lui faire de l'œil à maman
Avec sa caisse à boniments[2]
Et rira pour montrer ses dents,

15 Je prendrai toutes les fois
Les noyaux entre mes doigts
Les noyaux de cerise pleins de sang
Et j'appuierai sans qu'on me voie.

Alors, bien retranché dans mon incognito
20 Ils partiront comme des bombes, les noyaux
Et taperont juste dans l'œil
Du monsieur qui fait de l'œil.

---

notes

1. Balistique : partie de l'art militaire qui étudie la trajectoire des projectiles des armes à feu.

2. boniments : propos séduisants et trompeurs.

Petite ritournelle impériale

Napoléon à Sainte-Hélène[1]
Filait doux filait la laine
À Sainte-Hélène, Napoléon
Filait doux comme un mouton.

Il faisait tout seul son lit
Brossait son chapeau verni
Astiquait tous ses boutons
Écrivait à son tonton.

Disait sans arrêt merci
En se courbant jusqu'à terre
Quel temps fait-il aujourd'hui ?
Mes respects à votre mère.

On n'aurait jamais pu croire
À le voir aussi poli
Que de la France l'Histoire
Il avait changé le pli.

Que des régiments de larmes
Escortaient ses déplacements,
Qu'il avait, prenant les armes,
Cliqueté énormément.

Napoléon à Sainte-Hélène
Filait doux filait la laine
À Sainte-Hélène, Napoléon
Filait doux comme un mouton.

note

1. Sainte-Hélène : île britannique de l'Atlantique Sud où Napoléon fut déporté, après la défaite de Waterloo, de 1815 à 1821.

À rencontrer ce petit
Privé de grand uniforme
Et qui mettait tant de forme
À ne pas gêner autrui,

À demander son chemin
Des nouvelles de son voisin
À ramasser du crottin
Pour soigner son rhume des foins,

Difficile de se douter
À moins d'être du peloton
Que ce corps d'humilité
Cachait son Napoléon !

Tout le jour à son rouet
La nuit il parlait aux morts.
Son aigle, à côté, muet
Partageait son triste sort.

Empereur et volatile
Filaient un mauvais coton
Tous deux prisonniers d'une île
Et déjà, d'une chanson :

Napoléon à Sainte-Hélène
Filait doux filait la laine
À Sainte-Hélène, Napoléon
Filait doux comme un mouton.

MORALITÉ

L'arrogance du fort s'éteint comme une braise
Quand il n'est plus certain de filer à l'anglaise.

Les soucoupes volantes

Moi je les ai vues
Les soucoupes qui volent
Quand maman qui a bu
Les lance sur Anatole.

5   Anatole c'est papa :
Un mètre cinquante-trois.
Et la moustache à ras.
Maman peut plus le voir.
Quand il rentre le soir
10 Oh ! là, là ! Oh ! là, là !
Commence un sacré branle-bas.

D'un bout du grand salon
À l'autre bout du fond
Volent les soucoupes, volent
15 Pigeons, pigeons, soucoupes volent !

« Reste pas là, fiston
Tu vois qu'ta mère est folle ! »

« Reste avec moi, Gaston
Ton père, c'est pas un homme ! »

20 Et volent les soucoupes
La soupière et la soupe,

Et le manche à gigot
A des ailes dans l'dos.
Toute la porcelaine
25 S'envole à perdre haleine
C'est surtout les grands plats
Qui font le plus d'fracas

Les murs sont labourés
Comme champs retournés.

30 Pigeons, pigeons, saladiers volent !
Fourchettes et couteaux
Timbales et cristaux
Papa en haut papa en bas
Papa coiffé d'une casserole
35 Papa debout sur la console
Papa aussi plat qu'une sole
Papa vole ! Papa vole !

« Reste pas là, fiston, t'es pas encore majeur.
Tu verras ça plus tard : les femmes n'ont pas de cœur. »

40 « Ne t'en va pas Gaston, tu n'as encore rien vu
Je vais lui faire la peau à ce petit Landru[1]. »

Papa qu'est pas un saint
Qui s'rait plutôt malsain
Les soucoupes qui volent
45 Lui font des auréoles.

Ma mère a de gros seins
Qui tremblent de colère
Et sonnent le tocsin[2].

---

notes

1. Henri-Désiré Landru, criminel français (1869-1922), jugé coupable du meurtre de dix femmes et d'un jeune garçon, mort guillotiné.
2. *tocsin* : sonnerie des cloches pour donner l'alarme.

J'voudrais pas être mon père !
Il finit par s'enfuir
Jusqu'au bistrot du coin
On lui verse trois kirs[1]
Dans un verre en étain.

Maman, les yeux râpés
Pleure sur le canapé.
Tous les morceaux cassés
Gémissent à ses pieds
Et moi je reste là
Comme le p'tit Attila[2].

« C'est pas un homme ! C'est pas un homme !
Reste pas là mon pauvre petit
Fais ta prière, fais pipi
Et va tout de suite te mettre au lit. »

Alors, dans mon sommeil je m'envole à mon tour
Au-dessus des clochers hachélèmes[3] et tours
Et, songeant au combat des semaines suivantes,
Je stocke au fond du ciel des soucoupes volantes.

notes

1. kirs : apéritifs composés d'un mélange de vin blanc et de liqueur de cassis, inventé par le chanoine Kir.
2. Attila : chef des Huns de 434 à 453. Symbole de la cruauté barbare.
3. hachélèmes : graphie burlesque et phonétique de l'abréviation HLM, « habitations à loyer modéré ».

À l'huile et au vinaigre

Les petites filles
Qui ne jouent jamais aux billes,
Les grosses comme les maigres
Jouent à l'huile et au vinaigre.

Et c'est pour ça que tout de suite après
Elles préparent la salade.
La salade qui sent bon les prés
La salade qui sent bon les charades
Qui sent bon les arcs-en-ciel
Qui sent les escargots enrobés dans du miel.

Et l'on n'a même pas besoin d'ajouter du sel !

Princesse lointaine

Capitaine ! Capitaine !
Capitaine au long cours[1]
Tout seul sur ton navire
Au milieu des requins
5 Et la mer en délire
Bascule sous ta main,
Je suis la Princesse lointaine
Rue de la République à Saint-Flour[2]
Numéro vingt-trois
10 Et je me meurs d'amour
Pour toi, pour toi
Beau Capitaine
Que je verrai peut-être un jour...

Je suis la Princesse lointaine
15 Proche de tes désirs.
Mes seins commencent à fleurir
Et je me retiens de courir
Pour ne pas perdre mon haleine
Pour demeurer des lunes pleines
20 À penser à toi, mon amour.

Ton équipage est mort
Et tu restes debout.
Il te faut vivre encore
Pour me rencontrer tout au bout.
25 Debout sous ta casquette

notes

1. au long cours : se dit de la navigation de longue durée.

2. Saint-Flour : localité du Cantal, village perché sur un pic rocheux, de très grande beauté.

L'œil tellement marin
D'un bleu pur de crevette...

Jumelles à la main
Tu scrutes l'horizon
Tu ne vois rien venir
Et le ciel est sans fond
Et la mer est bien pire !

Rue de la République il sonne le tocsin[1].

Dans mon ventre frémissent
Des milliers de poissons,
Incroyables délices
Je tombe en pâmoison[2].

Finis, jeux de marelle
Et le Monopoli
Les bonds de sauterelle
La Belle-au-Bois Joli.

Il me pousse des ailes
Plus lourdes que du plomb
Il me pousse des ailes
Pour de bien d'autres bonds...

Courage, Capitaine !
Ma peau devient de feu.
Je suis en terre ferme
Mais je chancelle un peu.

---

notes

1. tocsin : sonnerie des cloches pour donner l'alarme.
2. pâmoison : évanouissement.

Capitaine au long cours
Quinze ans que je t'attends !
La mer n'est pas l'amour
Mon amour est ce vent

Ce vent sur ton visage
Ce vent qui n'a pas d'âge.
Oh ! ne fais pas naufrage
Les requins sont méchants.

Je demeure à Saint-Flour
Ta Princesse lointaine.
Fais taire les baleines
Fais taire les sirènes
Le bruit de l'Océan n'est que le bruit d'un sourd.

Patience, Capitaine !
Je m'endors avec toi sur un lit de verveine.

Encore un peu de temps, encore un peu de peine,
Je filerai la mer comme on file la laine,
Capitaine d'amour
Capitaine au long cours...

Le plus beau vers de la langue française

« Le geai[1] gélatineux geignait dans le jasmin »
Voici, mes zinfints[2]
Sans en avoir l'air
Le plus beau vers
De la langue française.

Ai, eu, ai, in
Le geai gélatineux geignait dans le jasmin...

Le poite[3] aurait pu dire
Tout à son aise :
« Le geai volumineux picorait des pois fins »
Eh bien ! non, mes zinfints.
Le poite qui a du génie
Jusque dans son délire
D'une main moite
A écrit :

« C'était l'heure divine où, sous le ciel gamin,
LE GEAI GÉLATINEUX GEIGNAIT DANS LE JASMIN. »

Gé, gé, gé, les gé expirent dans le ji.
Là, le geai est agi
Par le génie du poite
Du poite qui s'identifie
À l'oiseau sorti de son nid
Sorti de sa ouate.

---

notes

1. geai : oiseau.
2. zinfints : graphie burlesque pour « enfants », avec la liaison.
3. poite : prononciation et graphie burlesques pour « poète ».

Quel galop !
Quel train dans le soupir !
Quel élan souterrain !

Quand vous serez grinds[1]
Mes zinfints
Et que vous aurez une petite amie anglaise
Vous pourrez murmurer
À son oreille dénaturée
Ce vers, le plus beau de la langue française
Et qui vient tout droit du gallo-romain[2] :

« Le geai gélatineux geignait dans le jasmin. »

Admirez comme
Voyelles et consonnes sont étroitement liées
Les zunes[3] zappuyant les zuns de leurs zailes.
Admirez aussi, mes zinfints,
Ces gé à vif
Ces gé sans fin
Tous ces gé zingénus qui sonnent comme un glas :
Le geai géla... « Blaise ! Trois heures de retenue.
Motif :
Tape le rythme avec son soulier froid
Sur la tête nue de son voisin.
Me copierez cent fois :
Le geai gélatineux geignait dans le jasmin. »

---

notes

1. grinds : pour « grands ».
2. gallo-romain : se dit du mélange des cultures gauloise et latine.
3. zunes : pour « les unes ». Le vers est une série de graphies burlesques des liaisons.

Virilité

Pan ! Pan ! Pan !
Je lui casse trois dents.

Pif ! Paf ! Peuf !
Il me rentre dans l'œuf.

Peuf ! Pif ! Paf !
À moi sa barbaque.

Ding, dung, dong
J'arrive à Hong-Kong[1] !

La lune est sans voiles
J'vois trente-six étoiles.
L'Empereur Mandchou[2]
Renaît dans un chou.
Là-bas c'est Canton[3]
Qu'est dans du coton.
Un hélicoptère
Tonsure l'éther[4],
J'ai du bleu partout
Du bleu jusqu'au cou
Et je monte au ciel
Mon sang comme du miel
Mais voilà Satan

---

notes

1. Hong-Kong : Hong Kong (territoire de la Chine du Sud, sous influence britannique jusqu'en 1997).
2. Mandchou : de la Mandchourie, région du Nord-Est de la Chine.
Les empereurs mandchous régnèrent sur la Chine de 1644 à 1911.
3. Canton : Guangzhou, importante ville de Chine du Sud.
4. éther : terme de la poésie classique pour nommer les cieux.

Virilité

Qui fait l'important :
« Où vas-tu comme ça,
Morveux, sans visa ? »

Pan ! Pan ! Pan !
Je lui casse trois dents.

Pif ! Paf ! Peuf !
Mon œil gauche est veuf.

Peuf ! Paf ! Pif !
Un trou dans son pif.

Poff...
J'entends ma voix, off.

Oh ! n'insultez jamais les enfants qui se battent
C'est l'enfer et le ciel qui se donnent la patte.
C'est le lait de la nuit, les ténèbres du jour
C'est la virilité par ousque vient l'amour !

La glose[1]

— Maman,
Toi qui es du Capricorne[2],
Toi qui connais tout et rien
Depuis les Mérovingiens[3],
Qui discute savamment
Du tiers et du tremblement,
Pourquoi les escargots ont-ils toujours des cornes
Comme les Martiens enfermés au zoo ?

— Mon petit,
Tu n'as pas mangé tes radis
Ni la soupe aux pissenlits,
Tu ne te laves jamais les mains
Tu baves
Tu fais enrager Firmin
Je ne te dirai plus rien !

— Oh ! si, maman, dis-moi !
Je mangerai les radis
Et la soupe aux pissenlits,
Je ferai comme Pilate[4] :
Je me laverai les mains
Avec un savon romain
Fabriqué pour diplomates,
Je ne baverai pas plus

---

notes

1. glose : commentaire savant d'un texte.
2. Capricorne : constellation et signe du zodiaque.
3. Mérovingiens : dynastie franque (481-751) qui précède celle des Carolingiens.
4. Ponce Pilate, procurateur romain de Judée de 26 à 36. Il prononce la sentence de mort contre Jésus-Christ, en se lavant les mains, marquant ainsi son indifférence et son irresponsabilité.

La glose

    Que la pipe d'Ésaü[1],
25 Je donnerai à Firmin
    Toutes mes crottes de lapin.
    Et encore bien d'autres choses
    Que je ferai comme un rien
    Pour accéder à la glose,
30 Le gloussement du genre humain.

    — S'ils ont des cornes, mon enfant,
    C'est pour corner certainement
    Aux carrefours, dans les tournants
    Au sein des encombrements,
35 Ça évite les accidents.

note

1. Ésaü : personnage biblique qui vendit son droit d'aînesse à son frère Jacob contre un plat de lentilles.

Nocturne

Bye, bye ! mammy
Bye, bye ! pappy
A rivederci[1] !
La nuit s'approche au grand galop
C'est cuit c'est cuit je vais aller au dodo
Hasta luego[2]
Manche à balai manche à gigot
Une puce me gratte le dos
Demain matin mon drap blanc
Aura des taches de sang.
À Rome, un Pape bâille
Éternellement debout
À l'autre bout un bébé braille
Bye bye
Chers petits géniteurs
Voici l'heure où c'est l'heure !
Portez-vous bien
Ne cassez rien
Dites pas du mal de vot'voisin
Moi, je vais me plonger dans les nébuleuses
Dans de merveilleuses visions
Et vous dans la télévision.
Quand je vais fermer les yeux
Vous serez encore plus vieux,
Les nouvelles du monde entier
Vous feront comme un dentier.
Et moi je serai plus belle

notes

1. Arrivederci, « au revoir », en italien.   *2. Hasta luego :* « au revoir », en espagnol.

Nocturne

Au creux de mon oreiller
Que la Princesse Isabelle[1]
Quand elle alla se noyer.
Ciao papa chipolata.
Mamma mia dolorosa[2]
Ciao ! Ouang-ouang !
Sapristi ! je parle toutes les langues
Par la grâce du Saint-Esprit[3].
Auf wiedersehen[4]
Mes chers petits treize œufs à la douzaine
Mes deux petits bols de riz
Qui m'avez donné la nuit.
Un sou c'est un sou
Le Pérou c'est pas le Pérou
Je vous enverrai une carte
Gute Nacht[5] ! Gute Nacht !

---

notes

1. Princesse Isabelle : nom de plusieurs reines. La plus célèbre est sans doute Isabelle la Catholique (1451-1504), reine de Castille (1474-1504) dont le mariage avec Ferdinand II d'Aragon favorisa l'unité de l'Espagne.
2. Mamma mia dolorosa : déformation du *Mater dolorosa*, « La mère de douleurs » (prière de la liturgie chrétienne rendant hommage à Marie, mère du Christ).
3. Saint-Esprit : troisième personne de la Trinité.
4. Auf wiedersehen : « au revoir », en allemand.
5. Gute Nacht : « bonne nuit », en allemand.

Les cuisses de Colette

Les cuisses de Colette
Sont douces au toucher
Comme des cacahuètes
Qu'on aurait épluchées.

5 Je n'aime pas sa tête
Ses yeux demi-pochés
Son oreille en cuvette
Son nez en arbalète
Sa bouche endimanchée.

10 Mais j'aime bien ses cuisses
Si douces au toucher.
Pendant le Saint-Office[1]
L'un près de l'autre assis,
Ma main vient s'y chauffer.

15 De profundis, ad te Domine, clamavi[2] !

Que c'est doux ! Que c'est doux !
Plus doux qu'une souris
Que le cœur de l'été,
Du miel et du saindoux !

20 Dans le rang d'à côté,
(Ma main enfouie
En cette blanche obscurité),

---

notes

1. *Saint-Office* : messe.
2. *De profundis, [...] clamavi* : « Des profondeurs, vers Toi, Seigneur, j'implore. » (phrase en latin de la prière des morts).

Madame la Baronne d'Auxerre[1]
Qui ressemble à un dromadaire
Me sourit.
C'est sa mère !

Madame la Baronne d'Auxerre
Madame la Baronne sa mère
Madame est servie
Madame très très bien avec le bon Dieu
Très très bien avec son âme
Madame
N'y voit que du feu.

— Retire ta main de là
Me dit Colette, tout bas !
Mais elle serre, elle serre
Avec la force du tonnerre
Ma main se trouve emprisonnée
Ainsi qu'un missionnaire en Nouvelle-Guinée[2].

— Retire ta main de là, petit garçon,
Ce ne sont pas des façons !
Mais elle serre à tout casser
Elle serre comme un Canaque[3] !
Mes doigts craquent
Mes doigts sont tous fiancés
Je ne peux plus les retirer
Elle serre, elle serre
À tire-larigot[4].
Oh ! le bruit de mes os !

notes

1. Auxerre : préfecture de l'Yonne.
2. Nouvelle-Guinée : grande île au nord de l'Australie.
3. Canaque : autochtone de la Nouvelle-Calédonie.
4. À tire-larigot : beaucoup.

50   Gloria in excelsis Deo[1] !

Dommage que Colette
Soit pas très belle en haut.
Mais qu'importe la tête
Quand le bas donne chaud !

55   Pour caresser ses cuisses
Je donnerais comme un rien
Desserts et pain d'épice
Et tous les paroissiens.

Entre ces deux poissons
60   Dont le sang est humain
Je laisserai ma main
Jusqu'au dimanche prochain.

Ah ! Colette, Colette !
Que la vie est agreste[2] !
65   Et que mon cœur est leste
Et que l'Enfer est loin !
(Madame la Baronne se signe[3] en un grand geste)

Ite missa est[4].

---

notes

1. Gloria [...] Deo : « Gloire la plus grande à Dieu. » (formule liturgique).
2. agreste : rustique, champêtre.
3. se signe : fait sur elle le signe de la croix.
4. Ite missa est : « Allez, la messe est dite. » (formule latine de conclusion de la messe).

Météo

Dimanche il pleuvra sur ma tante.
(Mon oncle est mort, bien fait pour lui
Bien fait pour son gros parapluie
Et pour sa montre en or !)
Par contre
Le soleil brillera sur Nantes[1].
Un papillon viendra sur ton nez se poser
Poussé par les alizées[2].
Des Baléares[3]
Des nuages cavaleront dare-dare
Pointus et ronds
Petit patapon !
Nimbus cumulus[4]
Et quelques stratus escortés du Négus[5]
Feront dans le ciel les gugusses.
Le mardi qui suit
Le vent d'Ouest demandera l'aumône
À un veilleur de nuit
Tandis qu'un anticyclone[6]
Se ramassera comme une toupie
Au large des îles Hawaï[7]
Et fondra soudain mercredi

notes

1. Nantes : préfecture de la Loire-Atlantique.
2. alizées : alizés, vents réguliers du nord-est dans l'hémisphère Nord.
3. Baléares : îles espagnoles de la Méditerranée.
4. Nimbus cumulus : nuages. L'auteur semble mélanger les appellations, car les nimbo-stratus sont des nuages bas de mauvais temps, tandis que les cumulonimbus sont de grands nuages blancs de beau temps.
5. Négus : titre de l'empereur d'Éthiopie.
6. anticyclone : centre de hautes pressions atmosphériques qui chasse le mauvais temps.
7. îles Hawaï : archipel volcanique du Pacifique, cinquantième État des États-Unis d'Amérique.

Sur tous ceux qui n'ont pas de roupies[1].
Les basses pressions[2]
Entraîneront bien des passions :
Dominique et Chantal
S'embrasseront au bal
Sans que soit affecté le climat général.
Mercredi, fluctuat et fort peu mergitur[3].
Température en légère hausse
Sur le Tibet[4] et sur la Beauce[5],
À l'angle du boulevard Raspail[6]
Tu pourras ôter ton chandail.
De jeudi soir à vendredi
Entre moi et Lucie
On pourra constater une brève éclaircie.
(Elle a volé mon dernier rêve
En se glissant dans mes draps
Pendant que je n'y étais pas.)
Samedi,
Pommes de reinette et pommes d'api
Le ciel entier fera pipi.
Et pour le reste :
Haricots secs ! Haricots secs !

---

notes

1. roupies : monnaie indienne.
2. basses pressions : en météorologie, cause du mauvais temps et des tempêtes.
3. fluctuat [...] mergitur : déformation de la devise de la ville de Paris : *Fluctuat nec mergitur*, « Il vogue mais ne sombre pas. »
4. Tibet : région autonome de l'Ouest de la Chine au relief montagneux.
5. Beauce : plaine céréalière du Centre de la France.
6. boulevard Raspail : boulevard parisien.

Initiation

Ils m'ont emmené dans la grotte
Ils m'ont enlevé ma culotte
Quatre tenaient une bougie
Trois autres des branches de buis bénit.
5 Ils m'ont fouetté les fesses
Avec le buis bénit
A fallu que j'encaisse
Des lamma sabachtani[1].
Sur la tête m'ont cassé
10 Des œufs de gallinacés[2]
Le jaune s'est répandu
Sur mes yeux qui n'voyaient plus.
Après, ils m'ont fait manger
De la chair de naufragé
15 Puis, baignant dans un grand pot
Testicules de crapauds
Testicules de fourmis
Arrosés de leur pipi.
Ils m'ont fait mettre à genoux
20 Invoquer le dieu Vichnou[3]
Sur la langue du caca d'oie
J'ai dû répéter neuf fois :
« Gricacu Cacu Coco
Cocacu Grigri Cuco. »

notes

1. lamma sabachtani : formule rituelle qui signifie « Pourquoi m'as-Tu abandonné ? ».
2. gallinacés : nom de l'ordre des oiseaux auquel appartiennent les poules, les dindons, les faisans, etc.
3. Vichnou : Vishnu, dieu indien aux multiples bras, très populaire en raison de ses multiples formes.

Et quand je me suis trompé
Les oreilles m'ont râpé.
Un petit peu d'or bouilli
M'ont versé dans le nombril,
Je ne sentais plus ma tête
Je ne sentais plus mes pieds
J'ai mugi comme une bête
Paraîtrait que j'ai chialé.
Quand ils m'ont remis debout
Le dessus était l'dessous.
Avec un couteau tranchant
Ils ont fait jaillir mon sang
Jaillir une telle fièvre
Qu'ils y ont porté leurs lèvres.
Puis, sonnant soudain du cor,
Ils m'ont repoussé dehors.

Mais dimanche prochain
La Saint-Maximin
Je pourrai m'asseoir sur le pont avec eux
À côté du Grand Bigleux
Jambes pendantes comme un gorille
Et regarder passer les filles.

La cromagnonne et le cosmonaute

De mignonnes
Cromagnonnes
Jouaient dans une prairie.

Le ciel, d'un bleu serein
Sentait le séraphin[1]
Et la brise apportait le chant du colibri.

On aurait dit des nonnes[2]
Échappées de leurs lits
Des vierges minifolles
Parmi les pissenlits.

On aurait dit des nonnes
Des enfants de Marie
Qui jouaient à mal-donne
Au chat, à la souris
À vas-y j'te tamponne
À pass'moi-le-grisbi,
Dansant la farandole
Le patchou-patchouli,

Des petites madones
Aux seins irréfléchis
Prunes plutôt que pommes
Des petits seins d'api...
On aurait dit...
Pardon, cela suffit :
C'était des cromagnonnes.

notes

1. séraphin : ange.   *2. nonnes :* religieuses.

Un cosmonaute vint à passer.
Il venait de la lune et cherchait aventure.

« Ah ! que la terre est bonne et douce la verdure
Ah ! que l'air est divin quand il est épicé.
Ah ! qu'il est naturel d'adorer la nature
Que l'on soit musulman ou que l'on soit hébreu »
Disait-il en marchant, titubant quelque peu.

C'était un beau jeune homme
Venu de l'horizon
Mais on ne pouvait voir le bien de sa personne
Enfermé qu'il était dans sa combinaison.

Occupées à leurs jeux
Les cromagnonnes n'avaient pas
Remarqué dans le ciel comme un grand trait de feu

Émile tout là-haut revenant ici-bas.
(Il s'appelait Émile
Un prénom bien français.
La lune était alors devenue comme une île
Où toutes les nations venaient prendre le frais.)

Donc, Émile marchait
La terre à ses souliers
Et ses lèvres louaient
La pesanteur[1] sa mère
La pesanteur légère
La pesanteur énorme
Qui le rendait conforme à son destin premier.

---

note

1. pesanteur : en physique, force qui tend à attirer les corps vers le centre de la Terre.

Au détour du chemin
Il aperçut soudain
Un coin de paradis :
55 Les mignonnes
Cromagnonnes
Se livraient dans la prairie
À mille folâtreries[1]
Ne se croyant vues de personne.

60 Son cœur se prit à battre ainsi qu'un métronome[2].

L'une
Plus belle que l'aurore
N'avait pour vêtements que quelques boutons d'or.
Se tenant à l'écart
65 Elle semblait attendre un ténébreux Icare[3]
Et dansait doucement
Sur place
Comme se contemplant dans une obscure glace
Une main sur la joue appuyée mollement
70 L'image même de la grâce.

« Quel temps, soupira-t-il, j'ai perdu dans la lune !
Pourquoi chercher ailleurs un autre firmament
En moi quelle bourrasque !
Quelle ardeur violente !
75 Sous l'amiante[4] me vient une vive chaleur... »

Dominant son émoi
Émile réussit à retirer son casque,

notes

1. folâtreries : actions pleines de gaieté un peu folle et enfantine.
2. métronome : appareil battant la mesure sur un rythme choisi.
3. Icare : personnage de la mythologie grecque qui s'échappe du Labyrinthe en volant grâce à des ailes de plumes fixées par de la cire, mais meurt pour s'être trop approché du Soleil qui la fait fondre.
4. amiante : matériau résistant à la chaleur.

Non sans quelque douleur.
Puis, s'avançant vers elle
Regretta qu'aux talons ne lui pousse des ailes !

La belle cromagnonne
S'arrêta de danser
Comme si brusquement un coup de téléphone
Venu du fond des temps lui était adressé.
85 (Les quelques boutons d'or
Churent, à cet instant, de l'adorable corps.)

D'un infaillible instinct
Elle se tourna toute, alors, vers son destin :
Émile, Prince blanc
90 Éclaboussé d'azur
S'avançait lentement
Vers cette forme pure.

Xixibèle[1] déjà les pieds et mains liés
Elle aussi se porta vers le bel étranger.

95 (Oui, Xixibèle était le nom
Que lui avait donné
Entre deux sangliers
Son père cromagnon.)

On entendait au loin, comme d'un autre empire,
100 Bruire ses compagnonnes[2]
Ainsi qu'on entendrait dans le vent quelques rires
Jetés, tout éraillés, par un vieux gramophone[3].

notes

1. Xixibèle : nom formé à partir de *Cybèle*, déesse des Moissons et de la Fécondité.
2. compagnonnes : déformation burlesque de *compagnes* pour rappeler « cromagnonnes ».
3. gramophone : premier appareil permettant d'écouter des enregistrements musicaux.

Émile et Xixibèle — leur cœur était en feu —
Se trouvèrent enfin à hauteur d'amoureux.

105 « Mon Prince, dit-elle d'une voix tendre
Vous vous êtes bien fait attendre ! »

Lui, ne comprenait pas ce langage barbare.
Elle-même ignorait qu'il parlait le radar.
Mais l'amour, on le sait, se dispense de mots
110 Son silence, à lui seul, forme de purs cristaux.
Posant son casque à terre, et aussi son genou
Et, d'une voix d'éther[1] où perçait le grisou[2] :
« Ô fille des moissons, dit-il à sa manière,
Ô rose printanière
115 Et qui éclate en moi plus que le mur du son,
Ô fille buissonnière
Petits seins d'écolière
Ventre ma souricière
Ô ma belle meunière
120 Petits pieds qui jamais n'ont quitté cette terre,
Genoux à se mettre à genoux
Mon millénaire rendez-vous
Ô ma truite glacière... »

Xixibèle écoutait, la pudeur à son front
125 Et laissait s'exprimer le valeureux garçon
Qui retrouvait en lui
Des accents oubliés dans une étrange nuit.

---

notes

1. d'éther : céleste, du ciel.

2. grisou : gaz qui se forme dans les mines de charbon. Ce terme forme antithèse avec « éther ».

« Ô péplum[1], ô pépite
Ô ma ligne de fuite
Mon bouquet d'uranium[2]
Mon âme troglodyte[3]
Mon colchique
Mon ardent liseron[4]
Ô plus qu'un liseron mon propre satellite
Mon amour, mon amour
Ô mon compte à rebours... »

L'heureuse cromagnonne
Qui trouvait tout de même un peu long ce discours
Contre le blanc jeune homme
Pressa ses membres de velours.
Et c'est ainsi qu'Émile, incapable d'un mot,
Mais touché par les dieux
À Xixibèle fit un cromagneux marmot.

Le ciel, un peu moins bleu
Criblé d'aérolithes[5]
Déjà versait du lait sur le couple amoureux
Et déployait ses voiles
Cependant qu'une étoile, interdite, tremblait.

★
★ ★

La morale est fort claire et se passe de cris.
(Ceci se déroulait bien avant Jésus-Christ.)
Émile et Xixibèle

notes

1. péplum : tenue portée dans l'Antiquité par les femmes, d'où le nom générique des films mettant en scène l'Antiquité.
2. uranium : métal dont la fission permet de produire l'énergie nucléaire.
3. troglodyte : habitant dans des grottes ou des cavernes.
4. liseron : plante grimpante aux fleurs en forme d'entonnoir.
5. aérolithes : météorites pierreuses.

La cromagnonne et le cosmonaute

L'un de l'autre vivant à des milliers de lieues
Et l'époque de l'un ne touchait pas les deux
Ne pouvaient circuler dans les mêmes milieux
(Ils n'avaient en commun
Que des astres éteints
Dont ils sentaient parfois l'haleine sur leurs mains.)

Lui, venait de la lune ; elle, de sa maman :
Une cromagnonne des champs.
Mais l'amour était tel
De Xixibèle pour Émile
Et d'Émile pour icelle[1]
Que, mus par cet aimant
Par tout ce tremblement
D'un coup d'aile rapace
Ils trouèrent tous deux la carcasse du temps
Pour se fondre, enlacés, au creuset de l'instant.

. . . .

Croyez-m'en, croyez-m'en
Jeunes, futurs amants
Amants supersoniques
Demain c'est comme hier !
Qu'importe la technique
L'amour le plus dément, le plus en italique
Aura toujours raison de la cybernétique[2].
Même greffé, le cœur restera volcanique.
Les siècles ne sont rien, pour un instant d'amour,
Qu'un peu de poussière au front d'un troubadour[3]...

---

notes

1. icelle : celle-ci.
2. cybernétique : ensemble des théories et études portant sur la communication entre les hommes et les machines.
3. troubadour : poète et chanteur itinérant du Moyen Âge.

Mutations

À force de mettre du mercurochrome
Sur mes genoux toujours blessés
Et de tendre un peu plus vers le gallinacé[1]
Je deviendrai peut-être un homme ?

---

note

1. gallinacé : nom de l'ordre des oiseaux auquel appartiennent les poules, les dindons, les faisans, etc.

Faire-part

Un jour, vous verrez, mes agneaux
Je changerai de peau
Je changerai de nom et de voiture
J'aurai des talons hauts
Et d'la désinvolture,
Et de larges ceintures
Et des dessous plus beaux que les dessus
Et des seins de petit Jésus
Qui feront tomber des empires.
Vous pouvez rire
Vous pouvez vous moquer
Mes pauvres petits agneaux !
Bêlez si vous voulez
Vous verrez, vous verrez,
J'habiterai un grand château
Datant de la Reine Isabeau[1]
Avec des tas d'armures
Pleines de confiture,
Trente-trois domestiques
Plus ou moins asiatiques
Marchant à pas feutrés
Sur des tapis faits main par des pestiférés[2]
Et puis par-ci, par-là
Des tigres ronronnant comme des chats
Un œil féroce l'autre doux

notes

1. Isabeau : Isabelle de Bavière (1371-1435), reine de France, épouse de Charles VI. Elle reconnut le roi d'Angleterre Henri V comme héritier au trône de France, au détriment de son fils Charles VII.
2. pestiférés : malades atteints de la peste.

Nonchalamment véloces
Et qui viendront me lécher les genoux.
Vous verrez, vous verrez
Mes pauvres petits béliers
30 Je ne suis pas du tout celle que vous croyez !
Je condescends d'habiter avec vous
Encore quelque temps
Et de m'appeler Élisabeth Ledoux[1]
Mais c'est vraiment trop bête
35 Faut pas avoir de sang !
Vous verrez, vous verrez
Mes pauvres petits aïeux
D'ici peu
Je vais rencontrer
40 Un marquis pour moi tout exprès fabriqué
Ressemblant à Burt Lancaster[2]
Dans *Mignonne, allons en enfer*[3]
Un marquis tout à fait dans le vent
Dirigeant des usines de savants.
45 Dès qu'il m'apercevra
(Ô les anges baissez les ailes !)
Son cœur bondira de sa poitrine tel un hors-bord[4]
« Oui, c'est elle, c'est la déesse »
Qu'il susurrera dans son for
50 Intérieur[5] en liesse !

notes

1. ***Élisabeth Ledoux :*** nom sans doute choisi pour la rime.
2. ***Burt Lancaster :*** acteur américain (1912-1994) qui s'est illustré dans des films d'aventures et des fresques historiques.
3. ***Mignonne, allons en enfer :*** allusion au poème de Ronsard (1524-1585), *Mignonne, allons voir si la rose...*
4. ***hors-bord :*** canot rapide.
5. ***for / Intérieur :*** au plus profond de soi-même.

Faire-part

Puis, me prenant la main
Doucement à bâbord[1],
Il me conduira par le plus court chemin
À l'église Saint-Nicolas.
Et c'est là
Dans le plus simple tralala
Tous deux bénis par
Le Grand Archidiacre[2] de Macédoine[3]
(Riez, riez mes pauvres petits fiacres
Mes pauvres petits cercueils !)
Que je deviendrai
La tout jamais exquise
Marquise Bellavoine de Belladone-Épars de Bouvreuil.

notes

1. bâbord : côté gauche d'un navire lorsque l'on regarde vers l'avant.
2. Grand Archidiacre : dans la hiérarchie de l'Église, prêtre placé en dessous de l'évêque, responsable d'une partie du diocèse.
3. Macédoine : région des Balkans partagée entre la Grèce, la Bulgarie et la république de Macédoine.

Le courant d'air

— Maman, maman viens voir
Maman, le canari
Tombé de son perchoir
Avec un œil tout noir
Et le bec rabougri
Et les pattes raidies
Tout drôle sans un cri !
Vite, maman, vite !
T'as pas de l'eau bénite ?
Mets ta main : il est froid
Tout froid dans sa queue d'pie.
Maman, qu'est-ce que tu crois ?

— Il est mort, mon petit,
Je ne puis rien y faire.
C'est comme ta grand'mère
Il est monté tout droit au paradis.

— D'abord
Grand'mère
Elle est en enfer !

— Hector !
Ne prononce pas de paroles impies[1].

— Mais comment il est mort, maman ?
Comment ?

— Un courant d'air, probablement.

---

note

1. impies : marquées par de l'indifférence ou du mépris à l'égard de la religion.

— Et qu'est-ce que ça veut dire
La mort ?
C'est pour rire, dis maman, c'est pour rire ?

— C'est pour rire, tu ne vas pas te mettre à pleurer !
Mon petit homme
Mon petit trois-pommes
Mon petit frisé !
Mon petit as !

— Vite maman, ferme les fenêtres !
Il ne faut plus que l'air pénètre.
Ferme les portes
Le vasistas,
Ne laisse pas rentrer le vent
Autrement toi aussi tu vas tomber morte
Sans plus jamais parler
Jamais plus t'envoler
Le bec soudain cloué
Les ailes au-dedans
Et pour combien de temps ?
Et pour combien de temps ?

Problème

Douze bonnes sœurs
À toute vapeur
Dans une deux-chevaux,

Pieds et mains méli-mélo
5 Leurs cornettes[1] tournoyant
Comme les ailes du Moulin Blanc

Un vent du diable dans le dos !

Et qui priaient saint Christophe[2]
Le saint de tous les teuf-teuf
10 Pour vite arriver à Meaux[3],

(Paraîtrait qu'y a un évêque[4]
Qui fait des sermons si beaux
Surtout quand c'est des obsèques
Que l'on y meurt à gogo.)

15 Douze bonnes sœurs
Qui chantaient en chœur
D'une voix de sapeur
Un allegretto[5],

Rentrèrent à sept cents à l'heure
20 Dans un placide camion
Trente-cinq tonnes de choux-fleurs
Qui leur barraient l'horizon.

notes

1. cornettes : coiffes blanches à rabats des religieuses.
2. saint Christophe : personnage légendaire, patron des voyageurs.
3. Meaux : ville de Seine-et-Marne.
4. évêque : allusion à Bossuet (1627-1704), évêque de Meaux en 1681, célèbre pour ses sermons et ses oraisons funèbres.
5. allegretto : terme de musique désignant un tempo rapide mais plus lent que l'allegro.

Problème

    Sœurs très bonnes et choux-fleurs
    Se retrouvèrent au ciel
25   Dans le plus simple appareil
    Avec Frère Camionneur.

★
★ ★

    Sachant qu'un chou-fleur
    Pèse environ huit cents grammes
    Et que Notre-Seigneur
30   Est naturellement polygame[1],
    Sachant que la plus jeune de toutes
    Sur la Foi portait des doutes,
    Que la plus vieille des sœurs
    Était de la police des mœurs[2]
35   (Son parapluie en noir lacté
    Cachait un micro-vérité),
    Que la quatrième en hauteur
    Ne comptait que pour du beurre,
    Que la plus en épaisseur
40   Était bien plus frère que sœur,
    Sachant que la route de Meaux
    Ne mène pas nécessairement au tombeau,
    Sachant aussi que le camionneur
    Avait fait un remplacement :
45   Des supplémentaires heures
    Pour se payer du bon temps !
    Combien de ces mammifères

---

notes

1. polygame : qui a plusieurs conjoint(e)s.
2. police des mœurs : police spécialisée qui traite du proxénétisme et de la prostitution.

(Camionneur et bonnes sœurs)
Sont assis actuellement
Dans l'éternité sans heures
À la droite du Seigneur
Sans ne plus jamais rien faire
Sur des trônes de choux-fleurs ?

Héroïsme

Si je veux être un héros
Grimper sur l'Annapurna[1],
Si je veux monter plus haut
Plus haut que l'Himalaya[2]
Et que je revienne manchot[3] ?

On m'offrira des drapeaux
Et des croix et des discours
Qui ne dureront qu'un jour.

Et puis je prendrai l'avion
Pour Moscou[4] New York[5] et Vienne[6]
Héros de télévision
Visitant les rois les reines
Les veuves du Morbihan[7]
Pour un jour, quelques semaines,
En exhibant mes moignons.

Mais je ne pourrai jamais plus
Jamais plus
Caresser, caresser Lulu
Plus jamais serrer la main
De c'qui fait le genre humain.

notes

1. Annapūrnā, sommet de l'Himalaya (8 078 m). Atteint pour la première fois par le Français Maurice Herzog et son expédition en 1950.
2. Himalaya : plus haute chaîne de montagnes du monde, située entre le Tibet et l'Inde.
3. manchot : allusion à Maurice Herzog qui eut les doigts gelés lors de l'ascension de l'Annapūrnā.
4. Moscou : capitale de la Russie.
5. New York : grande ville de la côte Est des États-Unis d'Amérique.
6. Vienne : capitale de l'Autriche.
7. Morbihan : département breton.

Tam-Tam et Balafon

Petit nègre dans la brousse
Jouant tam-tam et balafon[1]
Pour à jamais chasser la frousse
Des visages de charbon,

Petit nègre, la lune est rousse :
Les cosmonautes vont roussir.
Leurs femmes courent à leurs trousses
Pour leur donner un élixir.

Petit nègre aux yeux tout blancs
La nuit colle à notre peau.
La vie est un enterrement
Quand on est occidentaux !

Joue tam-tam et balafon
Pour tes amis caïmans
Pour ton cousin le typhon
Pour tout ce qui est vivant !

La lune est un astre mort
À ceux qui marchent dessus
Mais pour toi c'est un trésor
Et sa chair est de zébu.

Joue tam-tam et balafon
Au fin fond de cette brousse
Où ton cœur est ta maison,
Où le ciel danse tout nu !

Et tu te la coules douce...

note

1. *balafon* : xylophone africain.

Instruction aléatoire

C'est Parmentier[1] la pomme de terre
C'est Galilée[2] qu'est un faux frère
C'est pas Ben-Hur[3] qui est Clovis[4]
C'est pas papa qui est mon fils.
5   Marie-Antoinette[5] c'est la brioche
Et Charles Martel[6] la tête de pioche.
L'éléphant s'appelle Hannibal[7],
Surtout quand il pèle.
Richelieu[8] c'est un Cardinal
10 Moitié Richelieu moitié chocolat.
Le Caïd a tombé Sylla[9].
Quoi encore ? Quoi encore ?
Vauban[10] c'est les châteaux forts

notes

1. Parmentier : pharmacien militaire français (1737-1813) qui introduit et généralise la consommation de la pomme de terre en France.
2. Galilée : Galileo Galilei (1564-1642), savant et astronome italien. Rallié au système héliocentrique de Copernic, il est contraint à se rétracter par le tribunal de l'Inquisition en 1633, puis réhabilité par l'Église en 1992.
3. Ben-Hur : Judas Ben Hur, prince de Judée qui vécut à l'époque du Christ, rendu célèbre par un film américain à grand spectacle de 1926, fameux pour sa course de chars, et qui fut tourné à nouveau en 1959 avec Charlton Heston.
4. Clovis : roi des Francs de 481 à 511 et fondateur de la monarchie franque.
5. Marie-Antoinette : Marie-Antoinette d'Autriche (1755-1793), épouse de Louis XVI, reine de France. Au peuple venu demander du pain lors de la Révolution française en juillet 1789, elle aurait fait répondre « Qu'on leur donne de la brioche. »
6. Charles Martel : dignitaire franc (v. 685-741), vainc les Arabes à Poitiers en 732, puis restaure l'unité de l'État mérovingien.
7. Hannibal : alluvion au général carthaginois (247-183) qui franchit les Pyrénées et les Alpes avec une forte armée et des éléphants et battit les Romains à Trasimène en 217 av. J.-C.
8. Richelieu : homme d'État français (1585-1642), prélat, cardinal en 1622, principal ministre de Louis XIII à partir de 1624.
9. Lucius Cornelius Sylla, général et homme d'État romain (130-78). Consul en 88 av. J.-C., dictateur à vie en 82. L'auteur fait peut-être un jeu de mots sur l'expression *tomber de Charybde en Scylla* qui signifie « aller de mal en pis ».
10. Vauban : maréchal de France (1633-1707). Commissaire général aux Fortifications, il a fait consolider et construire de nombreuses places fortes.

Et Jeanne d'Arc[1] c'est l'Angleterre.
15 Terre ! Terre !
A crié Christophe en voyant sa mère,
Colomb[2] de son nom.
Le Maréchal Nein[3] ne pouvait pas dire non.
La Bretagne aux Bretons
20 Et Rodrigue[4] à Chimène
Et le bûcher pour Origène[5]
Avec de la ouate thermogène[6].
Les mamelles c'est Sully[7]
L'éventail du Bey[8] c'est casus belli[9].
25 Faut pas oublier la Grèce :
Xerxès[10], pour se soulager
Faisait fouetter la mer Égée[11].
Quoi encore ? Quoi encore ?
Le Maréchal Ney[12] mangeait du roquefort.
30 Les Pyramides ont des yeux.
Les Chinois sont très copieux.
Qui va piano[13] va jusqu'au bout

notes

1. Jeanne d'Arc : héroïne française (1412-1431). Elle convainc Charles VII de lui confier une armée et délivre Orléans des Anglais (1429).
2. Christophe Colomb, navigateur d'origine génoise (1450 ou 1451-1506), découvreur de l'Amérique en 1492.
3. Nein : calembour, *nein* signifiant « non » en allemand. Déformation du nom du maréchal napoléonien Ney (1769-1815), surnommé « le Brave des braves ».
4. Rodrigue : amant de Chimène, personnages du *Cid*, tragi-comédie écrite par Pierre Corneille en 1636-1637.
5. Origène : théologien (v. 185-v. 254), Père de l'Église grecque ; ses idées ont été très controversées par la suite.
6. thermogène : qui produit de la chaleur.

7. Sully : homme d'État français (1560-1641). Ministre d'Henri IV, il favorisa l'agriculture et le commerce, les deux « mamelles » de la prospérité du royaume.
8. Bey : vassal du sultan.
9. casus belli : « cause de guerre, motif de guerre », en latin.
10. Xerxès : roi perse (v. 519-465), vaincu par les Grecs à Salamine en 480 av. J.-C.
11. mer Égée : partie de la mer Méditerranée située entre la Grèce et la Turquie.
12. Maréchal Ney : maréchal napoléonien (1769-1815).
13. Qui va piano [...] bout : début de l'expression italienne *Chi va piano, va sano e va lontano*, « Celui qui va lentement va sainement et va loin. »

Pourvu qu'on ménage son pouls.
L'Yonne[1]
Se jette dans la gueule du lion
Et le petit de Labiche[2] est un faon.
Il n'y a plus de bonnes.
Il n'y a plus d'enfants.

Après la mort, c'est Carcassonne.

---

notes

1. Yonne : rivière française.
2. Eugène Labiche, dramaturge français (1815-1888), auteur de vaudevilles.

Alligators et kangourous

(Happening[1] concerté pour marionnettes
et public de choix.)

La scène se passe dans la « chambre des enfants ».
Éveline, six ans et demi, a tiré la table dans le fond de la pièce, reculé les lits jumeaux[2], fermé les rideaux, allumé les bougies, et rempli de terre son vase de nuit[3] dans lequel elle a piqué des marguerites.
Sur la table, la grande boîte carrée de son théâtre de marionnettes.
Rideau rouge qui va de la fenêtre à la porte, tenu par une ficelle ; derrière, ce sont les coulisses.
Aux pieds d'Éveline, assis sur un petit banc devant un tambour : Hector, son esclave préféré. Il a cinq ans.
Fauteuils, chaises, tabourets disposés en rang, face à la table. Trois sièges sont déjà occupés par des ours en peluche, des poupées, des chiens en plastique, une imposante girafe au regard de marquise.

Cela fait plus de trois semaines qu'Éveline tanne ses parents pour donner une représentation publique. Elle a envoyé des billets d'invitation (cartons découpés dans les menus que collectionne son père, violemment coloriés) à certains membres de la famille, aux voisins et à ses petits copains qu'elle veut épater.

---

notes

1. Happening : « événement », en anglais. Spectacle qui exige la participation active du public.
2. lits jumeaux : lits identiques et placés côte à côte.
3. vase de nuit : pot de chambre.

C'est dimanche. Il ne pleut pas.
Les membres de la famille sont venus déjeuner, avec une âme assez hideuse. Papa et maman ont pensé que depuis le temps qu'ils devaient les inviter…
L'heure d'Éveline a enfin sonné.

ÉVELINE

— Asseyez-vous, asseyez-vous ! prenez place !
Maman, papa, tante Salace[1]
Madame Rigodon
Monsieur l'entrepreneur Poséidon[2]
5   Irma, Xavier, tonton Mabille
Les petits garçons et les petites filles
Le cousin Pataquès[3]
La nièce qu'est pas la nièce
Monsieur le Juge d'instruction
10 Qu'a pas un gramme d'instruction,
Attention ! attention !
La représentation va bientôt commencer.
Tant pis pour ceux qui ne savent pas danser !

Brouhahas. Raclements de gorge. Petits cris de fouine. Un adulte, très maigre, renverse le vase de nuit, le ramasse et, embarrassé, le remet à sa voisine.

Vous allez voir ce que vous allez voir
15 Et vous ne verrez pas ce que vous ne verrez pas.
Et ceux qui ont déjà vu
N'ont qu'à repartir tout nus.

---

notes

1. Salace : porté(e) aux plaisirs sexuels, grivois(e).
2. Poséidon : dieu des Mers, des Sources et des Fleuves dans la mythologie grecque.
3. Pataquès : gaffe due à la maladresse.

Asseyez-vous ! Tassez-vous !
Laissez passer les kangourous.
Un peu de silence, le cousin Pataquès !

> *À Hector*

Grosse caisse ! Grosse caisse !

Dans trois instants, Mesdames et Messieurs
Vous allez tous monter aux cieux !

> *Aucun son ne sort du tambour. Hector, pris de timidité, lève le bras à la manière d'une serpillière.*

Grosse caisse !
Mais tape plus fort,
Hector !
Qu'est-ce que t'as dans les veines ?
De la verveine ?

> *Faisant elle-même le bruit de la grosse caisse, elle ouvre du même coup le rideau du théâtre.*

Boum ! boum ! boum !
Le rideau s'ouvre, badaboum !
Donnez la main à votre voisin.
Que l'féminin qu'a peur d'un rien
Se cramponne dur au masculin !
Ça va être terrible
Et pas du tout comestible !

Présentant les marionnettes au fur et à mesure :

Voici le Roi Patibulor[1]
Avec sa couronne à bâbord[2].
Pour être le plus fort,
Il a enfermé la lune dans son coffre-fort.
La nuit, on ne voit plus ses pieds
Ni même ses trous de nez
Tellement est obscure l'obscurité.
Saluez !
Et voici son Conseiller
Le Marquis de Butenblanc[3].
Il lui manque toujours trois dents
Et il a une drôle d'haleine
Une haleine de baleine,
C'est un monsieur qu'est pas très franc.

On ne sait pourquoi, Hector saisi soudain par la virilité s'est mis à taper comme un aveugle sur son tambour. À Hector :

Mais arrête de taper, Hector !
Qu'est-ce que t'as dans les veines ?
Du roquefort ?

Hector, brisé dans son élan, est au bord des larmes.

Et maintenant, tenez-vous bien
Le gratin attire le gratin :

notes

1. Patibulor : jeu de mots sur *patibulaire* qui signifie « sinistre, louche ».
2. bâbord : côté gauche d'un navire lorsque l'on regarde vers l'avant.
3. de Butenblanc : jeu de mots sur l'expression *de but en blanc* qui signifie « brusquement ».

Voici la Reine Déléther[1]
Belle comme une étoile à l'envers.
Admirez ses voiles
Et tout ce qu'il y a derrière !

> *Curieusement, la Reine Déléther, dans une grande robe de gaze, ressemble à Madame de La Fayette[2], née Marie-Madeleine Pioche de La Vergne.*

Tassez-vous, ce n'est pas tout.
Ouvrez vos yeux comme des hiboux.

Voici le Prince Karikal[3]
De la tribu des Mahé[4]
Beau comme un dieu qui s'rait bancal.
Il a beaucoup d'autorité
Et une très lourde hérédité
Mais tous ses moyens il perd
Devant la Reine Déléther.
Admirez ses sourcils en forme d'escargots
Ses oreilles qui rouillent
Son nez *prestissimo*[5]
Son regard de violon
Une citrouille en place de pantalon
Ses grands pieds d'hidalgo[6]
Son sabre incognito.
Est-il beau oui ou non ?

---

notes

1. **Déléther :** jeu de mots sur *délétère* qui signifie « dangereux, toxique ».
2. **Madame de La Fayette :** Mme de Lafayette, écrivain français (1634-1693), auteur de *La Princesse de Clèves*, premier roman psychologique moderne.
3. **Kārikāl :** port de l'Inde sur le golfe du Bengale, ancien comptoir français.
4. **Mahé :** ville et port du Sud de l'Inde, ancien comptoir français.
5. **prestissimo :** terme de musique pour désigner un tempo extrêmement rapide.
6. **hidalgo :** noble espagnol.

Chœur mixte

Oui ! oui ! oui ! oui ! oui ! oui !

Éveline

Merci, merci !
Ne me cassez pas les ouïes.

La Maman, *à Madame Rigodon.*

Vous pouvez étendre les jambes, Madame Rigodon !

Madame Rigodon, *pincée.*

80 Ce n'est pas les jambes, c'est les articulations.

Éveline

Attention ! attention !
Nous entrons dans l'action !
Le Prince Karikal
Qu'est un brin oriental
85 Aime la Reine en secret.
Vous allez les voir prendre ensemble le frais.

Manipulant avec habileté la marionnette de la Reine Déléther et du Prince Karikal et improvisant dans la meilleure tradition :

La Reine

Vous ne dites rien, mon Prince ?

Le Prince

. . . .

La Reine

Mince !

Vous n'êtes pas bavard !
Vous ressemblez à du papier-buvard.

>   LE PRINCE, *se jetant à ses genoux.*

Ma Reine, ma souveraine
Ma marjolaine
Ma, ma, ma
Ma faridondaine
Ma migraine
Ma, ma, ma
Ma porcelaine, ma fontaine
Ma, ma, ma...

>   LA REINE

N'en jetez plus, la cour est pleine !

>   LE PRINCE,
>   *plus énamouré encore qu'il n'y paraît.*

C'est fou ce que, ce que, que que...

>   LA REINE

Dites !

>   LE PRINCE

Ah ! que ne suis-je aérolithe[1] !

>   LA REINE

Dites ! Dites !

>   LE PRINCE

... Que que que, que que que...

---

note

1. *aérolithe* : météorite pierreuse.

LA REINE

Que que quoi ? Que que quoi ?
Cessez de caqueter comme une oie !

LE PRINCE

Ah ! quel effroi !
Les mots deviennent tout froids
Plutôt monter mon palefroi[1]
Plutôt blanchir sous le harnois[2]
Plutôt prendre...

Éveline est à court d'inspiration

Plutôt prendre... n'importe quoi !

LA REINE

Prenez mon bras si vous voulez
Mais Prince, un peu de hollé
Sinon je vais m'é-tio-ler !

Un bâillement dans l'assistance.

LE PRINCE

Eh bien ! voilà
Ma reine, mon poème
Mon cactus, mon réséda
Je, je... Motus ! motus !
Ah ! lala !
Plutôt chanter Aïda !
Je... je vous aime.

notes

1. palefroi : cheval de marche ou de parade.

2. blanchir sous le harnois : vieillir dans la carrière militaire ; par extension, gagner en expérience dans un domaine particulier.

La Reine, *les bras retournés.*

Ciel ! quelle déclaration !
Et dans un lieu public, un lieu de perdition

Le Prince

125 Si vous me jugez infâme
Tranchez-moi la tête, Madame !

Chœur mixte

Non ! non ! non ! non ! non ! non !

Éveline

Bon ! Bon !
Ne braillez pas comme des ânons !

Manipulant la Reine avec coquetterie.

La Reine

130 C'est donc pour cela
Que vous avez fait tant de parcours
Depuis l'Inde et le Guatemala
En passant par le Luxembourg ?

Le Prince

Aucune montagne, aucun océan
135 Aucune cigogne, aucun caïman,
N'auraient pu, Madame
(J'ai le cœur qui cogne)
N'auraient pu vraiment
Arrêter mon cœur et son télégramme.

La Reine

140 Ciel ! quelle résolution !

Quelle télécommunication !
Je vois à l'horizon poindre les complications
Le Roi supporte mal une double équation !

Le Prince

Ah ! ne me parlez pas du Roi !
Ma peau devient comme beffroi[1].

La Reine

Le Roi n'est pas un homme à changer de munitions !
Le Roi n'est pas un homme à recoudre ses boutons
Le Roi
Ne se tiendra pas coi[2].
Le Roi n'est pas un homme à ne pas être Roi !

Le Prince

Que faire ? Que faire ?
Si vous m'aimez un peu
Si vous avez, Madame, quelques feux pour mes feux
Venez donc avec moi dans un autre hémisphère
À la place de trois nous ne serons que deux.

La Reine

Malheureux !
L'amour vous rend bigleux !

Le Prince

Ah !
Par Allah !
Vous ne m'aimez pas !

---

notes

1. beffroi : tour de guet dans une ville. Cette tour symbolisait le pouvoir municipal.
2. Ne se tiendra pas coi : ne se taira pas.

LA REINE, *très cornélienne* [1].

Je suis la Reine Déléther
Même si je vois le ciel je dois rester sur terre.
(Bas.) Moi aussi mon cœur bat...

LE PRINCE, *transporté.*

Ah !

LA REINE

165 Je l'avoue un peu bas
Votre ardeur, Mahidère [2]
Communique à mon sang un sacré branle-bas.
Mais une Reine qui se respecte
Appartient à sa secte.
170 Même dans tous mes états
Je garde et dois garder, oui, ma raison d'État !

LE COUSIN PATAQUÈS

Ça, c'est envoyé !
Ça, c'est du buseness [3] !
Si tous les yéyés [4]...

ÉVELINE

175 Silence ! le cousin Pataquès.

---

notes

1. cornélienne : de Pierre Corneille (1606-1684), dramaturge dont les héros affrontent les contradictions entre le devoir et l'amour.
2. Mahidère : graphie phonétique et burlesque de *my dear*, apostrophe affectueuse (« mon cher », en anglais).
3. buseness : graphie phonétique de l'anglais *business*, « les affaires ».
4. yéyés : se dit d'un style de musique (et, par suite, de ses amateurs) adapté de succès américains, en vogue parmi la jeunesse dans les années 1960 (Eddy Mitchell, Johnny Hallyday, Sylvie Vartan, Sheila...).

Manipulant le Prince, en empruntant une voix qui se veut d'outre-tombe :

LE PRINCE

Ô paroles fatales !
Malheureux Karikal !
Ô Prince suppléant
Et déjà sépulcral[1] !
Malheureux, malheureux, malheureux Karikal !
Comment, pour plus longtemps,
Demeurer vertical ?

LA REINE

Vous n'allez pas faire de bêtises ?
Sentez-vous, mon ami, la douceur de la brise ?

LE PRINCE

La brise ne peut rien, rien pour un cœur si glabre[2]
Un oiseau déplumé dans le creux de vos mains !
Adieu Madame ; avec ce sabre
Je vais trancher ma vie ainsi qu'un candélabre.

Éveline parvient à hisser le dangereux instrument.

LA REINE

Allons, allons, un peu de sérieux.
Rengainez cet objet précilleux[3].

LE PRINCE, *têtu comme une mule.*

Adieu ma Reine, ma Touraine

---

notes

1. sépulcral : qui évoque la mort, le tombeau.
2. glabre : dépourvu de poils.
3. précilleux : graphie burlesque pour marquer la diérèse.

Mon miserere[1]
Quand mon sang giclera sur vos pieds adorés
Quand tombera ma tête ainsi qu'un médaillon
Entre vos bras ballants,
Quand...

LA REINE

Chut ! j'entends Butenblanc.
Faites semblant
De pourchasser les papillons.

LE PRINCE

Les papillons ?

LA REINE, *à voix très basse.*

Oui, Butenblanc est un espion.

ÉVELINE,
au public (extrêmement complaisant).

Mesdames et Messieurs, ouvrez l'œil !
Le cousin Pataquès, ne parlez pas en morse[2].
C'est ici que ça se corse.
Attention ! attention !
On n'est pas à Auteuil[3]
On n'est pas des bœufs
Acte deux !
Acte deux et second :

---

notes

1. miserere : « aie pitié », en latin (premier mot d'un psaume).
2. morse : code télégraphique inventé par le peintre américain Samuel Morse.
3. Auteuil : quartier huppé de l'ouest parisien.

Elle a pris la marionnette du Conseiller Butenblanc et la fait se livrer à de vives contorsions. À en juger par son apparence – laquelle, en fin de compte, ne trompe jamais – le Conseiller doit être un bien vilain personnage !

BUTENBLANC,
avec une voix de traître.

Ah ! ah ! ah !
Poil de rat.
J'ai tout vu, tout entendu.
Prince, vous n'êtes qu'un résidu !

LE PRINCE, *piqué au vif.*

Résidu ? Vous allez payer cher
Ce mot qui dégouline de travers !

LA REINE

Quelle mélasse[1] !
De grâce, Messieurs, de grâce,
Ne vous trucidez pas !
Un peu moins de fracas,
Basta ! Basta !
Je m'offre à tous les deux pour danser la polka.

La Reine Déléther danse la polka.

BUTENBLANC,
l'empêcheur de tourner en rond.

Majesté,
Permettez !

---

note

1. mélasse : sous-produit de la fabrication du sucre, de consistance visqueuse et de couleur brune.

Je tiens, de par le Roi, une humble autorité.
Serais-je trop obscur, je dois vous éclairer.

LA REINE

Ne perdons pas de temps,
Droit au but, Butenblanc !
De discours ajourés la Reine n'en a cure[1].

BUTENBLANC

Ce prince Karikal
Qui près de vous s'exhale
Et perd tous ses pétales
Est...

LA REINE, *l'invitant à poursuivre.*

Allez ! allez !

BUTENBLANC

... Tant pis, tant pis, je vous le dis :
Un redoutable agent de l'ennemi.

LE PRINCE

Majesté, c'en est trop !
Regardez ma peau,
Regardez mes os,
Ai-je l'air
D'un faussaire ?

LA REINE

Un instant, Prince, taisez-vous,
Laissez passer les kangourous !

---

note

1. *n'en a cure* : n'en a aucun souci.

. . . .
Conseiller Butenblanc
Parlez encore entre vos dents !

BUTENBLANC, *jubilant*.

245 Ah ! ah ! ah !
Poil de rat
Poil de choléra !
Le Prince Karikal prétend —
L'impudent ! —
250 Qu'il vous aime,
Qu'il est passé par la Bohême...

LE PRINCE

Je suis passé par ce lieu même !

BUTENBLANC

Qu'il est, par votre beauté
Complètement dé-chi-que-té.
255 Que vous êtes son paradis.
En vérité, Majesté, je vous le dis
Cet homme est prêt à tout pourvu qu'il ait de l'or.
Il veut — mais regardez son air de butor[1] ! —
Tout bonnement voler la lune !

LE PRINCE

260 Il ment !
Il ment
Comme la petite sœur d'Adam !

---

note

1. butor : oiseau des marais ; homme grossier et malappris.

LA REINE

Secourez-moi, sainte Opportune !

BUTENBLANC

La lune
Que votre noble époux
Dans un zèle jaloux
Tient dans son coffre-fort.

LE PRINCE, *jeune contestataire.*

La lune appartient à tout le monde
Et la preuve, c'est qu'elle est ronde.

BUTENBLANC

Vous êtes immonde !

LE PRINCE

La lune et ses nombreux quartiers
Appartient
Bel et bien
Aux salariés.

BUTENBLANC

Quel esprit avarié !

LE PRINCE,
qui penche décidément pour le prolétariat.

Pas seulement aux pédégés[1]
Mais à tous ceux qui sont mal logés.

LA REINE, *avec un léger recul.*

— Prince, vous me surprenez !

---

note

1. pédégés : graphie phonétique de l'abréviation PDG, « président-directeur général ».

BUTENBLANC, *triomphant.*

Vous voyez, Majesté, l'oiseau montre son nid
Il trahit son nini, son ninimitié[1].
C'est un traître, c'est un forban
Un ci-derrière, un ci-devant
Il faut absolument
S'emparer de son égarement.

S'adressant à la Garde :

Soldats, mettez vos guêtres[2]
Et saisissez-vous de ce traître !

Aucun soldat à l'horizon. Éveline, prenant le public à témoin, en profite pour invectiver[3] son père qui se venge du déjeuner familial en dormant assis, tassé sur lui-même comme un sac de pierre.

ÉVELINE

Les soldats
Sont toujours pas là !
Ça fait trois mois
Que papa il dit qu'il m'en achètera,
Il dit n'importe quoi !
C'est comme ça toutes les fois
Pas plus de soldats que de beurre au chocolat !
Papa, pourvu qu'il ait son journal
Les autres, ça lui est égal,
Il se moque de la vie conjugale !

---

notes

1. ninimitié : graphie burlesque d'*inimitié*, qui signifie « hostilité, aversion ».
2. guêtres : pièces d'étoffe ou de cuir qui entourent la jambe.
3. invectiver : prononcer des paroles violentes contre quelqu'un.

Il...

> LA MAMAN,
> *sentant avec un sûr instinct*
> *qu'il est temps d'intervenir.*

Bon. Eh bien ! ma petite fille,
C'est très bien comme ça.
Ça peut durer
Une éternité !
Tu vas ranger tout ce bazar
Remettre de l'ordre dans ta chambre
Embrasser les membres
De ta famille,
Dire au revoir à tes invités
Donner manger à ton lézard...

> ÉVELINE, *scandalisée.*

Mais j'ai pas fini j'ai pas fini j'ai pas commencé c'est quand même insensé on me coupe toujours autant jouer du tambour on me scie on me rétrécit on me fait rater mes effets personne ne collabore le Roi Patibulor n'a encore rien dit j'ai pas fini t'en va pas Hector le Roi Patibulor n'est pas le vrai Roi alors qui est-ce j'inviterai jamais plus le cousin Pataquès et la Reine n'est pas du tout celle qu'on croit et le Prince Karikal il n'est pas du tout bancal il fait semblant à un moment il doit sauter sur Butenblanc et lui faire le coup du chacal et la lune dans tout ça qu'est-ce qu'elle fait la lune la mer de la Tranquillité[1] avec des poissons ronds qu'ont pas de densité qu'est-ce qu'elle fait la lune pendant ce temps-là dans le coffre-fort elle

---

note

1. la mer de la Tranquillité : zone géographique de la Lune.

dort j'ai pas fini chaque fois que je commence on croit
que c'est la fin on se donne rendez-vous pour après-
après-demain on veut tout de suite m'arrêter on me
coupe les pieds j'aurais mieux fait de ne pas exister c'est
pas la peine d'avoir de l'imagination si qu'on me fait
obstruction j'ai plus qu'à me faire maçon qu'à me
nettoyer les trous de nez j'ai pas fini y'a encore les
chansons, la chanson du salsifis il était un salsifis qu'avait
pas assez grandi j'ai pas fi...

LA MAMAN

Allons ! ça suffit Éveline
Arrête tes lamentations.
C'est pas une fille que j'ai c'est une usine.
Excusez-la, Madame Rigodon,
Durant sa scarlatine[1]
Elle a regardé tous les feuilletons
À la télévision.

Excepté les enfants, cloués sur leurs sièges, les yeux écarquillés, papa et les spectateurs se sont levés et passent, visiblement soulagés, dans la pièce à côté.

MADAME RIGODON,
très supérieure, à la maman.

Moi, quand j'avais douze ans
Et même encore jusqu'à quinze
Si j'avais le malheur d'ouvrir la bouche
Ma grand-mère qui était de la province
Me tapait dessus avec la louche.

---

note

1. scarlatine : maladie infectieuse dont les symptômes sont la fièvre et des rougeurs.

Ça, c'était une éducation !

ÉVELINE

Grosse caisse ! Grosse caisse !

> *L'homme très maigre qui a renversé le vase de nuit (l'entrepreneur Poséidon ?), le dernier adulte à quitter les lieux, bute contre un banc de curé et se fait affreusement mal au tibia.*

Ceux qui ont raison sont ceux qui ont pas tort. Laissez passer les alligators !...

> *En confidence à Hector, l'œil noir et préparant déjà une sacrée revanche :*

La prochaine fois
On s'ra que tous les deux,
On boira du whisky
On fera un grand feu
Et on s'mettra au lit.
Et j'te f'rai l'acte trois,
Et on pondra des œufs !

> *À cette exaltante perspective, Hector donne – et doit donner encore – de furieux coups sur le tambour.*

RIDEAU

Dossier d'accompagnement

René de Obaldia : une vie secrète

Une origine exotique

René de Obaldia est né le 22 octobre 1918 à Hong Kong, alors colonie britannique en Chine, d'une mère française et d'un père diplomate panaméen. Il résume cette naissance d'une jolie formule : « *Mon arbre généalogique tient à la fois du chêne et du palétuvier.* »[1]

Ses parents se séparent rapidement et son père disparaît, tandis que sa mère retourne en France avec ses trois enfants qu'elle élève seule. René de Obaldia sera ainsi d'abord confié à un couple d'ouvriers en banlieue, puis à sa grand-mère Honorine.

Au lendemain de la Première Guerre mondiale, il suit des études classiques au lycée Condorcet à Paris. Il y gagne une formation rigoureuse et il s'y forge aussi de solides amitiés : il retrouvera par la suite certains de ses condisciples d'alors, notamment Guy Lefranc qui lui permettra d'être figurant dans différents films.

Obaldia traverse avec alacrité l'entre-deux-guerres, période de fête avant la crise financière qui s'abat sur le monde en 1929. En 1936, l'avènement du Front populaire, qui instaure les premiers congés payés, donne une nouvelle note d'espoir. René de Obaldia, lui, publie en 1938 son premier recueil de poèmes : *Humaï*, du nom indien de l'oiseau de paradis.

---

note

1. Exobiographie, Grasset, 1993.

Biographie et contexte d'écriture

La croix de guerre

Mais l'horizon s'assombrit. La guerre est déclarée en septembre 1939 et, après une campagne éclair, l'armée française est défaite. Le 17 juin 1940, le maréchal Pétain demande l'armistice qui est signé le 22 juin.

Comme de nombreux jeunes gens de son âge – il a 21 ans au début de la guerre –, René de Obaldia est mobilisé en 1940. Il combat les nazis courageusement et obtient, en 1945, la croix de guerre. Fait prisonnier, il est envoyé en camp de discipline en Silésie où il séjourne quatre ans, jusqu'en 1944, épreuve qui le marque durablement, même si elle lui paraît dérisoire au regard de l'ignominie des camps d'extermination que l'on ne tarde pas à découvrir.

En effet, la libération des camps de la mort, en 1945, par les armées russes et américaines dévoile au monde la réalité de la barbarie nazie que la majorité de la population européenne ignorait. Les premières images photographiques et les premiers témoignages montrent l'état de dénuement extrême des corps et des esprits marqués par la malnutrition, les souffrances et les tortures que les nazis leur ont fait subir. Cela ravage la conscience d'une partie importante de la jeunesse, en France et dans le monde.

Des nouvelles du père

C'est par hasard que René retrouve son père, en lisant dans un journal une notice biographique sur Jose Clemente de Obaldia, qui vient d'être nommé ministre de l'Intérieur du Panamá.

Sa mère lui écrit pour lui annoncer les exploits de ses enfants, en particulier la croix de guerre de René. Il répond par une lettre de félicitations pour s'être conduit en digne descendant de ses ancêtres, en particulier Jose Domingo de Obaldia, son arrière-grand-père, ancien président de la République du Panamá, de 1908 à 1910.

Biographie et contexte d'écriture

Après ce fugitif contact épistolaire, son père disparaît à nouveau, définitivement : d'abord emprisonné après un nouveau coup d'État au Panamá, il meurt peu après sa libération. Obaldia restera affecté par l'absence de son père.

LES DÉBUTS ARTISTIQUES ET LITTÉRAIRES

Après la Libération, Obaldia vit un certain temps dans la pauvreté, mais qu'il estime « *moins difficile à supporter qu'aujourd'hui* » : il mène une vie de bohème, écrivant dans les cafés, composant des poèmes et des paroles de chansons (il en écrit pour Luis Mariano, un chanteur d'opérette à la mode dans les années 1950).

C'est la grande époque de Saint-Germain-des-Prés : les existentialistes, disciples du philosophe Jean-Paul Sartre, se retrouvent dans les cafés où l'on discute, travaille, lit et écrit. Dans le sillage de l'armée américaine, le jazz et les films hollywoodiens font aussi leur apparition et connaissent un grand engouement. De nombreux clubs s'ouvrent dans les caves de Saint-Germain, dont certains, comme *Le Tabou*, existent encore. Un écrivain comme Boris Vian, par exemple, est aussi trompettiste et joue dans une formation de jazz. L'époque est animée par un esprit de fête teinté d'un immense pessimisme sur la nature humaine où se mélangent la joie de la Libération et le souvenir de l'horreur des camps.

Dans cette effervescence, Obaldia publie un ouvrage de poèmes d'inspiration surréaliste : *Midi*, qui lui vaut le Prix de poésie Louis-Parrot. Grâce à Guy Lefranc, son ami du lycée Condorcet, il obtient aussi des rôles de figurant. Cela lui permet de rencontrer Louis Jouvet en 1951 et de jouer dans *Knock* de Jules Romains. Il collabore aussi à plusieurs revues.

Dès l'année suivante, il publie un autre recueil de poésie : *Les Richesses naturelles,* chez Julliard. Il est ensuite directeur adjoint au Centre culturel international de Royaumont, puis directeur littéraire des Éditions Pierre Horay, avant de se consacrer uniquement à l'écriture dès 1954. Il publie son premier roman, *Tamerlan des cœurs*. Ce récit poétique des aventures d'un don juan, rédigé dans une langue déjà caractéristique du style d'Obaldia, est salué par la critique et lui vaut une grande notoriété. Il donne ensuite un livre de récits : *Fugue à Waterloo,* qui obtient le Grand Prix de l'humour noir et, en 1956, *Le Graf Zeppelin ou la Passion d'Émile*.

Il manifeste d'ailleurs son humour par un extraordinaire canular : en 1957, il apparaîtra dans l'un des colloques du centre de Royaumont déguisé en Léautaud, vieil original et redoutable secrétaire d'un journal littéraire, terrorisant tous les participants de la conférence qui n'y voient que du feu.

Enfin, son roman *Le Centenaire* est récompensé par le Prix Combat en 1959.

La carrière dramatique

C'est en 1960 qu'il commence sa carrière dramatique avec *Genousie*, sa première grande pièce, montée au TNP (Théâtre national populaire) par Jean Vilar. La pièce, d'un ton onirique, le place aux côtés des grands auteurs dramatiques de l'époque comme Audiberti, Ionesco et Beckett et le situe d'emblée comme un dramaturge à l'intersection du théâtre de l'absurde, du surréalisme et de l'humour populaire. Ce mélange insolite de détachement, d'humour, de fausse naïveté et de pessimisme constitue désormais le fond du ton obaldien.

Après ce succès, Obaldia multiplie les réalisations théâtrales et va, dans les vingt années suivantes, faire jouer la plupart des grands acteurs de l'époque. Il écrit, entre autres, *Le Satyre de la Villette*, pièce qui fait scandale, *Le Général inconnu*, *Le Cosmonaute agricole*. Le théâtre d'Obaldia se caractérise par ses multiples formes et son abondance. Trois de ses nombreuses pièces marquent des étapes

Biographie et contexte d'écriture

importantes dans sa carrière dramatique : *Du vent dans les branches de sassafras* en 1966, *Monsieur Klebs et Rozalie* en 1975 et *Les Bons Bourgeois* en 1980.

Du vent dans les branches de sassafras est une parodie de western interprétée par Michel Simon, mythique incarnation de Boudu dans le film de Jean Renoir *Boudu sauvé des eaux*.

Monsieurs Klebs et Rozalie lui vaudra le Molière du meilleur auteur, mais seulement en 1993. Dans cette pièce, qui commence par la célèbre réplique : « *On ne peut pas dire que ça s'améliore* », Michel Bouquet campe un savant, Klebs, qui rivalise avec Dieu et crée une femme-machine, Rozalie ; il en tombe amoureux et, finalement, le robot se montre plus humain que son créateur.

En 1980, Jacques Rosny met en scène *Les Bons Bourgeois*, pièce écrite en hommage à Molière et qui compte Fanny Ardant parmi les interprètes. Empruntant aux ressorts moliéresques, Obaldia y fustige (en alexandrins) les travers de l'époque. Et si certains critiques boudent la pièce, le public, lui, applaudit. Néanmoins, la pièce est retirée prématurément de l'affiche.

Ce demi-échec interrompt sa carrière dramatique. Obaldia se retire alors des planches jusqu'en 1999, où il réapparaît au Théâtre 14 avec trois courtes pièces : *Rappening, Pour ses beaux yeux* et *Entre chienne et loup*, mises en scène par Thomas Le Douarec.

LE POÈTE DES INNOCENTINES

Le recueil des *Innocentines*, « *poèmes pour enfants et quelques adultes* », comme l'indique la formule du sous-titre, paraît en 1969. La même année, plusieurs ouvrages sont publiés : *Les communistes ont peur de la révolution* de Sartre, le recueil *Fendre les flots* de Queneau, *Watt* de Beckett, *La Disparition* de Perec.

Ces quelques titres témoignent de la diversité des préoccupations et des écoles littéraires pendant les années 1960.

Biographie et contexte d'écriture

1969 est aussi l'année du départ du général de Gaulle, après onze ans d'un pouvoir autoritaire durant lequel il a redressé la France de l'après-guerre à marche forcée. En réponse à la révolte estudiantine et ouvrière de mai 1968 qui contestait sa manière de gouverner, le général organise un référendum dont le résultat est un échec : les Français lui répondent « non ». De Gaulle, démocrate modèle, se démet du pouvoir. Georges Pompidou lui succède.

Le monde est divisé par l'opposition entre les États-Unis d'Amérique et l'URSS : c'est la « guerre froide ». Les deux puissances s'affrontent sur tous les terrains : en Amérique centrale, en Afrique et même... dans le cosmos. En 1969, les États-Unis gagnent la bataille de l'espace en envoyant le premier vol habité sur la Lune.

La société française n'échappe pas à ce clivage et l'on peut dire que, très schématiquement et en faisant pour la clarté de l'exposé abstraction des nuances, la gauche et les communistes se reconnaissent dans la politique pratiquée en URSS, tandis que la droite, anticommuniste, se reconnaît dans la politique libérale menée aux États-Unis. Marquée par cette opposition, la société française l'est aussi par la consommation de masse et par l'apparition d'un divorce grandissant entre les écrivains d'avant-garde, de plus en plus difficiles à comprendre, et une littérature à l'eau de rose qui se rapproche du produit, de la marque, comme en témoigne l'apparition de la collection de romans sentimentaux canadiens « Harlequin » fabriqués en série.

Dans ce panorama, les *Innocentines* occupent une place particulière. Comme semble l'indiquer le sous-titre, l'auteur s'inspire du monde de l'enfance dont il donne une image à la fois acide et sucrée où existent le deuil, la cruauté, la sexualité, les conflits sociaux et de générations. Cette présence de tout ce qui agite habituellement les grandes personnes apporte une autre explication au sous-titre : celui-ci précise que le recueil s'adresse aussi à « *quelques adultes* », ceux qui ont conservé l'innocence de l'enfance.

L'épigraphe « *Qui n'accueille pas le royaume de Dieu comme un enfant n'y entrera pas* », extraite de l'Évangile de Luc et citée en latin, approfondit cette précision : l'enfance est conçue ici comme une forme de sagesse qu'il faut retrouver pour comprendre.

Le titre est un manifeste discret contre la littérature « sérieuse » de l'époque et propose une lecture ironique de ces années 1960, lointaines et proches, comme si elles étaient revisitées par la comtesse de Ségur, Valéry Larbaud et Raymond Queneau, une clé à multiple facettes mélangeant culture populaire et réflexions savantes.

QUAND VIENT LA CONSÉCRATION...

En 1980, après les *Bons Bourgeois*, René de Obaldia se retire et se consacre à la rédaction de ses Mémoires qui paraissent en 1993 sous le titre provocateur d'*Exobiographie* (doit-on entendre par là le contraire de l'autobiographie, c'est-à-dire une autobiographie écrite de l'extérieur, ou bien faut-il comprendre qu'il s'agit du récit par soi-même de la vie d'un autre ?).

En 1999, consécration suprême, il est élu à l'Académie française, au fauteuil de Julien Green. Cette même année, il revient au théâtre avec trois courtes pièces (voir plus haut) et, en 2004, il réalise un florilège de ses « pensées » sous le titre *La Jument du capitaine*, un relevé des répliques les plus étonnantes de ses personnages.

Malgré la consécration et le succès, il correspond toujours et encore à la formule paradoxale d'Alexandre Vialatte : « *Obaldia a toujours été célèbre, mais jusqu'ici personne ne le savait.* » Son œuvre mérite donc d'être lue et relue.

Les Innocentines : poésies pour enfants ou poésies de l'enfance ?

Les *Innocentines* sont un recueil de poésie lyrique[1] en vers libres *« pour enfants et quelques adultes »* qui, par son style, se place dans la continuité de la poésie moderne, avec Desnos, Prévert et Queneau, et, par son thème, dans la littérature enfantine.

En effet, le recueil de René de Obaldia présente cette particularité de s'adresser à des enfants ou de vouloir parler et exprimer des sentiments comme eux, ainsi que l'indiquent le sous-titre de l'ouvrage et la citation de Luc en épigraphe – elle précise qu'il faut un cœur d'enfant pour accéder au règne de Dieu. Il faut donc, pour mieux le comprendre, replacer ce recueil par rapport à ces deux genres : la poésie lyrique et les livres pour enfants.

La poétique des Innocentines

Les *Innocentines* poursuivent le renouvellement de la poésie initié entre la fin du XIXe et le début du XXe siècle par les poètes symbolistes (Verlaine, Rimbaud), puis par le groupe surréaliste (Aragon, Desnos, Eluard, Breton). Ils se sont libérés progressivement des exigences de la métrique pour imaginer de nouvelles formes poétiques : le vers libre et la prose, dont le rythme se rapprochait de celui de l'expression naturelle et du souffle humain. Aux thématiques poétiques conventionnelles que sont la nature, l'amour, l'âme et l'art, le rêve, ces poètes en ont ajouté de nouvelles : la vie et l'univers quotidien, la politique, la sexualité. Ils ont aussi introduit le vocabulaire de tous les jours dans la poésie. C'est ainsi que, dans les *Inno-*

---

note

1. poésie lyrique : se dit de la poésie dans laquelle une personne fait part de ses sentiments à la 1re personne.

centines, on trouvera des choux-fleurs, de la confiture, du saindoux, de la ouate, des cailloux...

Par la recherche d'un langage poétique riche et simple, par l'exploration des thèmes liés à l'enfance, les *Innocentines* semblent aussi dialoguer et approfondir le mouvement lancé par les œuvres de poètes contemporains comme Jacques Prévert (1900-1977), auteur de *Paroles* (1949), et Raymond Queneau (1903-1976), auteur de *L'Instant fatal* en 1948 et *Les Ziaux* en 1943, et de *Courir les rues*, *Battre la campagne* et *Fendre les flots* (1967, 1968 et 1969). L'un et l'autre ont en effet exploré les potentialités de la forme poétique libre, sa musicalité fondée sur la rime, l'assonance et l'allitération, mais aussi les jeux sur les mots et, éventuellement, leur déformation. Ils ont, comme Obaldia, porté un regard sur le monde contemporain et quotidien, teinté d'impertinence, de tendresse et d'une discrète mélancolie.

Un recueil de poésie lyrique ?

La versification dans les Innocentines

À l'exception du premier et du dernier poème qui sont écrits en prose, les *Innocentines* sont écrites en **vers libres**, hétérométriques[1]. Le poète a eu le souci de suivre un rythme naturel, plus que de respecter la cadence imposée par les règles de la métrique, dont il se moque avec finesse dans « Le plus beau vers de la langue française » (p. 132) en proposant un alexandrin grotesque *(« Le geai gélatineux geignait dans le jasmin »).*

En effet, parfait du point de vue de la métrique – il comporte deux hémistiches de six syllabes –, ce vers est cacophonique (l'allitération en *gé* est malvenue) et évoque des matières (la gélatine) proscrites par le code poétique, car manquant de

---
note

1. **hétérométriques :** d'un nombre de syllabes inégal.

Genre et registres

noblesse. Pour s'en convaincre, on peut le comparer à l'autre alexandrin du poème : « *C'était l'heure divine où, sous le ciel gamin* ». Il singe à l'évidence un vers épique de Victor Hugo : l'adjectif « *divine* » est noble, même si l'adjectif final (« *gamin* ») contrebalance le registre épique. On peut ajouter que la virgule devrait être placée avant le pronom relatif « *où* » pour séparer les deux hémistiches ; il s'agit sans doute d'un autre gag volontaire du poète.

À l'exception d'un poème se rapprochant du haïku[1], (« Expectative », p. 90), d'une berceuse (« Berceuse de l'enfant qui ne veut pas grandir », p. 61) et d'une comptine (« Comptine », p. 83, qui n'en est pas une *stricto sensu*), on ne trouvera dans le recueil aucun poème à forme fixe comme le sonnet ou le rondeau. Au contraire, les poèmes sont organisés en strophes libres d'un nombre de vers variables selon l'inspiration et le thème, sans règle apparente et générale. « En ce temps-là... » (p. 77) en est un bon exemple : chaque strophe correspond à l'un des apôtres de Jésus, avec quelques ruptures, plusieurs strophes évoquant les fidèles et l'époque. Parfois, les strophes correspondent aux phrases (comme dans « Un yéyé », p. 24) et certains poèmes n'ont qu'une strophe (« J'ai trempé mon doigt dans la confiture », p. 59). D'autres font exception et sont composés en quatrains (« Chez moi », p. 12, « La Sologne », p. 71, « Antoinette et moi », p. 81...) ou en strophes de deux vers (« Une dame très très morte », p. 29, « Dimanche », p. 70...).

La **rime** est la seule règle de la poésie classique dont Obaldia ne s'affranchisse pas dans les *Innocentines*. La majorité des poèmes sont constitués par des vers rimant deux à deux, soit par des rimes croisées comme dans le quatrain ci-après (« Chez moi ») :

---

note

1. haïku : bref poème japonais en trois vers.

Genre et registres

« Chez moi, dit le petit garçon
On élève une tortue.
Elle chante des chansons
En latin et en laitue. »

ou plates comme ici (« Antoinette et moi ») :

« Antoinette et moi
On va dans les bois.
On connaît un coin
Où n'y a qu'des lapins. »

ou embrassées (plus rarement) comme dans celui-ci (« Aglaé ») :

« Mais il est temps de la marier
De la parer pour le gala.
Je vous la donne, prenez-la,
Vous lui ferez des lévriers ! »

Mais Obaldia joue de toutes les possibilités comiques de la rime. Certains poèmes semblent s'engendrer par les appels de rime comme « Liberté » (p. 47), « Dimanche » qui est exclusivement composé de distiques où un prénom rime avec un mot inattendu (« *Bertrand / Suce des Harengs* ») et, dans une moindre mesure, « Tom Sawyer », p. 63 (« *Il a fait pipi / Dans le Mississippi* »).

Souvent la rime opère des rapprochements cocasses : « *Baronne d'Auxerre* » qui rime avec « *dromadaire* » dans « Les cuisses de Colette » (p. 140), « *édifice* » qui rime avec « *pisse* » (« Vespasien », p. 27), « *ambassadeur* » qui rime avec « *enfant de chœur* » (« L'Oncle Onésime », p. 19). Dans « Problème » (p. 160), des bonnes sœurs se mélangent avec des choux-fleurs, comme si cet accident était prédestiné par l'euphonie des deux mots ; ce rapprochement est d'autant plus amusant qu'à la fin, au paradis, les choux-fleurs se transforment en trône pour les bonnes sœurs...

Genre et registres

Il joue aussi sur la paronomase[1] (« *en latin et en laitue* » dans « Chez moi »), les rimes très riches (« *abeilles/groseilles* », « J'ai trempé mon doigt dans la confiture »), les paronomases à la rime (« *singe/linge* », « *maigre/nègres* », « Tom Sawyer ») ou encore les mots qui se transforment : le « *gros rat* » de « Visions » (p. 54) devient un « *gros radar* », le « *coco* » se change en « *cobra* ».

L'invention d'un nouveau langage

Si les mots s'engendrent par la rime, un parler nouveau se fait aussi jour dans les *Innocentines*. Reprenant une pratique en partie héritée de Queneau – qui écrivait certains mots phonétiquement (une « *ouature* » pour une *voiture*, par exemple) –, Obaldia, quant à lui, invente des féminins inexistants (la « *cromagnonne* » de « La cromagnonne et le cosmonaute » p. 147), crée des mots-valises et joue sur le mélange des langues : si « Nocturne » (p. 138) évoque les différentes manières de dire « au revoir » dans des langues étrangères, on trouve surtout beaucoup de latin (par exemple, dans « Les cuisses de Colette » où le récit du narrateur est ponctué par les formules rituelles de la messe, au cours de laquelle le lutinage de Colette a lieu). Ce latin rappelle bien sûr le temps de l'enfance, marqué par le catéchisme.

En futur académicien, c'est-à-dire en rédacteur de dictionnaire, Obaldia observe la contamination de la langue française par l'anglais. Il en fait un poème, « You spique angliche » (p. 36), où il invente des graphies francisées pour les mots anglais, trouvailles qui émaillent d'autres poèmes : « *double vécé* » dans « Intimité » (p. 33), « *biftèques* » dans « Le petit Gengis Khan » (p. 99) ou « *Mahidère* » (pour *my dear*) dans « Alligators et kangourous » (p. 168). Cet échange entre les langues et les pays est à l'image de l'écriture poétique, souvent fondée sur le dialogue.

---

note

1. paronomase : rapprochement de mots dont le son est proche mais le sens différent.

Genre et registres

Une poésie dialoguée et parlée

Les *Innocentines* sont très majoritairement un recueil lyrique, c'est-à-dire qu'un individu (souvent un enfant) y exprime ses sentiments à la 1re personne. L'une des particularités du recueil est que de nombreux poèmes y sont écrits sous forme de dialogue, presque comme de petites pièces de théâtre. Dans certains poèmes, deux enfants parlent : dans « Chez moi », un petit garçon et une petite fille se renvoient la balle de strophe en strophe ; dans « Julot-Mandibule » (p. 91), le *« je »* poétique fait parler le cancre de la classe, sorte d'antihéros assimilable au Clotaire du *Petit Nicolas*. Dans d'autres encore, un enfant et un adulte conversent (« La glose », p. 136), parfois de manière incohérente, dans un esprit proche de la farce téléphonique (« Petite conversation téléphonique », p. 85). On peut aussi donner la parole à un adulte (« Problème », « Le plus beau vers de la langue française », « Tentation », p. 104) ; dans ce cas, cette parole est comme entendue par l'oreille facétieuse d'un enfant et devient drolatique.

Certains poèmes, comme « Les cuisses de Colette » ou « Les Soucoupes volantes » (p. 125), sont même polyphoniques, faisant discourir plusieurs personnages.

Parodie et satire

Deux poèmes sont des parodies[1] transparentes d'exercices scolaires. « Le plus beau vers de la langue française » propose des formules comme « *Le poète aurait pu dire* » ou « *Par le génie du poète [...] qui s'identifie / À l'oiseau* », qui sont typiques de l'explication scolaire des textes littéraires ; la graphie des mots (« *mes zinfints* » pour « mes enfants ») reproduit la diction nasillarde et doctorale du professeur. Tout cela, ajouté à la chute du poème où un élève

---

note

1. parodies : imitations comiques d'un genre ou d'un style.

Genre et registres

est puni pour avoir mal écouté, fait de ce texte une caricature de commentaire de texte.

Après le cours de littérature, les mathématiques sont aussi parodiées dans « Problème ». On y retrouve les participes présents « *Sachant que...* » qui introduisent les données du problème d'arithmétique, puis la question finale : « *Combien de...* »

Obaldia fait aussi la satire de la famille. On peut citer en exemple de cela le *pater familias* de « Froid dans le dos » (p. 73), qui apparaît régnant sur sa tablée, pontifiant au moment du repas, mais que son épouse fait semblant d'écouter *(« Maman, en attendant que ça se passe,/Écoute le bruit de la mer au fond de sa tasse. »)*

Autre sujet traité de manière comique, la religion. On a parlé de la scène de galanterie à l'Église (« Les Cuisses de Colette »), des bonnes sœurs de « Problème », il faut encore citer « En ce temps-là... » qui est une réécriture parodique des Évangiles.

Enfin, plusieurs poèmes portent un regard comique et critique, c'est-à-dire satirique, sur le monde contemporain : « Un yéyé » présente la jeunesse des années 1960 en se moquant de la mode des jeans et des cheveux longs (« *Un Yéyé / Pas débarbouillé / Les cheveux qui traînent sur ses souliers.* ») et du goût naissant pour la musique pop (« *Sa guitare électronique / Bat son ventre famélique.* ») ; on croirait le portrait d'un fêtard des caves de Saint-Germain-des-Prés. D'autres poèmes tournent en dérision les travers et les lubies modernes comme, par exemple, le goût pour la langue anglaise (« You spique angliche »), le snobisme (« Liberté ») ou la conquête de l'espace (« Moi j'irai dans la lune... »). Parodie et satire sont ici deux armes pour révéler le vide des discours sérieux et pédants des adultes, leur fausse gloriole et leur hypocrisie, dont l'emblème pourrait être l'oncle Onésime, diplomate ex-enfant de chœur « *Avec un air de croire à vous fendre le cœur* » auquel s'opposent « *le Tiers État [...] Alphonse Allais* » et « *tous ceux qui se tiennent de travers* » à qui le recueil est, en définitive, consacré et adressé.

Genre et registres

UN RECUEIL DE POÈMES POUR ENFANTS ?

Qu'est-ce qu'un livre pour enfants ?

Le « secteur jeunesse », très à la mode aujourd'hui, est devenu un marché éditorial en pleine croissance. Il propose aussi bien de la littérature narrative que des ouvrages documentaires ou de la poésie. Ce domaine se développe en fait à partir du XIXe siècle, dans le prolongement des lois sur l'école obligatoire de 1882 qui accroissent considérablement le nombre de lecteurs et les besoins éducatifs. Cette littérature est, au départ, essentiellement narrative et a pour ambition d'instruire en distrayant. Éducative, elle se veut aussi édifiante : elle présente des situations idéales, n'évoque jamais de questions scabreuses (la sexualité, l'argent, la politique, les conflits familiaux et sociaux). Au contraire, elle donne l'image d'un monde rassurant et stable dans lequel des enfants vivent des aventures qui leur permettent de faire preuve de différentes qualités morales comme l'honnêteté, le courage, la charité, etc. Elle suit en cela l'enseignement de l'école qui présente l'histoire de notre pays comme une succession d'actes de bravoure accomplis par les héros qui ont bâti la France (Clovis, Charlemagne, Jeanne d'Arc, Richelieu, Napoléon...).

Parmi le florilège d'**écrivains pour la jeunesse de cette époque**, deux sont encore lus de nos jours : la comtesse de Ségur[1] (1799-1874) et Jules Verne (1828-1905).

La première crée, entre autres, le personnage de Sophie (*Les Malheurs de Sophie*) qui ne cesse de faire des bêtises ; sa mère en profite pour lui faire la leçon en lui donnant constamment en exemple ses cousins vertueux. Le second entreprend une œuvre au long cours, les *Voyages extraordinaires*, dans lesquels des jeunes gens fortunés et de haute valeur morale découvrent le monde et les mystères de la science.

---

note

1. Elle est citée dans le poème « Intimité » (p. 33).

Genre et registres

Dans le sillage de ces auteurs se développent aussi les **premiers illustrés**, ancêtres de la bande dessinée, avec leurs personnages fameux. Parmi leurs créateurs, on peut citer Christophe (1856-1945), auteur des *Malices de Plick et Plock* et des voyages de *La Famille Fenouillard*, Louis Forton (1879-1934), inventeur des *Pieds Nickelés* en 1908, dans le journal *L'Épatant*. On peut aussi mentionner le personnage, plus attendu, de Bécassine, créée en 1905 dans *La Semaine de Suzette*. Ces héros sont en général parodiques et beaucoup moins conventionnels (c'est en particulier vrai pour les Pieds Nickelés).

La **poésie pour les enfants** remonte à la nuit des temps. On la trouve dans les chansons, comptines, jeux et berceuses populaires qu'on leur chante pour les amuser, les endormir ou les distraire[1]. Les *Innocentines*, d'ailleurs, rendent hommage à ces genres populaires en proposant une comptine (« Comptine ») et une berceuse (« Berceuse de l'enfant qui ne veut pas grandir »). D'une manière générale, l'œuvre des poètes comporte toujours des poèmes accessibles aux enfants, mais certains, comme Maurice Carême (1899-1978) ou Jacques Charpentreau, se sont fait une spécialité d'écrire de la poésie pour enfants. D'autres, comme Robert Desnos, ont composé une ou plusieurs œuvres à l'attention des enfants ; Desnos a écrit le recueil *Chantefables et Chantefleurs*, publié en 1952 par Gründ. Enfin, des poètes comme Jacques Prévert (*Paroles*, 1949) ou Raymond Queneau (*L'Instant fatal*, 1948, *Courir les rues*, 1967) sont lus par les enfants. René de Obaldia occupe une place particulière dans ce paysage : les *Innocentines* sont en effet écrites « *pour enfants et quelques adultes* », titre et sous-titre qui méritent d'être analysés pour bien comprendre la démarche originale du poète.

notes

1. Voir le recueil *Le Livre des chansons de France* de Roland Sabatier (Gallimard, 1984).

Genre et registres

« Poèmes pour enfants et quelques adultes »

Le titre *Innocentines* est un mot-valise formé de la contraction des mots *innocence* et *enfantines*. Paradoxalement, le mélange de ces deux mots empreints de candeur aboutit à un résultat dont la sonorité cristalline sonne comme *gourgandine*[1] ou *coquine*. Ainsi, la rencontre de l'enfance et de l'innocence aboutit à un cocktail d'impertinence et de sagesse bien éloigné de l'idéale et supposée pureté de cette époque de la vie que cultivaient la comtesse de Ségur et Jules Verne. Le sous-titre est alors explicite : les « *quelques adultes* » sont les rares ayant gardé en eux la fraîcheur de leur premier âge pour comprendre les poèmes. Les autres sont invités à s'en inspirer s'ils veulent être touchés par l'œuvre. La vision bien-pensante de l'enfance, qui se représente les enfants comme des « homoncules[2] » à éduquer et à instruire en leur cachant un certain nombre des dimensions de la vie adulte (l'amour, la sexualité, l'argent, la politique, la violence...), est inversée : les petits personnages des poèmes y sont au contraire les modèles que les adultes devraient essayer d'imiter pour échapper à l'aveuglement dans lequel leur sérieux les plonge.

Cette thématique de l'enfant modèle n'est pas tout à fait nouvelle : elle va surtout être mise en avant à partir de l'invention et de la diffusion de la psychanalyse par Sigmund Freud (1856-1939) qui affirme que les souvenirs d'enfance enfouis dans l'inconscient continuent de gouverner la vie de l'adulte. Ces découvertes influencent les écrivains à voir dans l'enfance et le rêve une vérité perdue qu'il convient de retrouver et d'opposer au mensonge social, conventionnel et bourgeois de la vie adulte. Les *Innocentines* s'inscrivent dans cette veine.

---

notes

1. gourgandine : femme dévergondée.

2. homoncules : modèles réduits d'êtres humains.

Genre et registres

Les thèmes de l'enfance

Le plus souvent, ce sont les enfants qui ont la parole. Ils racontent une expérience ou une histoire (« J'ai trempé mon doigt dans la confiture », « Les cuisses de Colette »), expriment leur sentiment (« Dites ! Dites ! », p. 15), rapportent des propos d'adulte (« *C'est papa qui dit ça / Tous les soirs, en plein milieu du repas* », « Froid dans le dos ») ou dialoguent.

Les thèmes principaux qui habitent le monde de l'enfance y sont évoqués : l'école, l'histoire, l'Église, la vie de famille, la campagne et les animaux, les jeux et la découverte de la sexualité.

L'histoire apparaît dans le recueil (« Dites ! Dites ! », « Le petit Gengis Khan », « Instruction aléatoire », p. 165...) comme un répertoire de héros fabuleux enseignés par l'école, un carnaval où Richelieu rencontrerait Clovis, tout en prenant le thé avec la reine d'Angleterre. En filigrane s'esquisse une caricature de l'enseignement de l'histoire par l'école de la IIIe République, qui multipliait les icônes (Vercingétorix, Clovis, Charlemagne, Jeanne d'Arc, Saint-Louis) en qui s'était incarnée la grandeur française.

Les jeux d'enfants sont aussi très nombreux. Le poème « Le secret » (p. 26) met en scène un enfant transformant de modestes trouvailles « *Une coquille de noix / Une sauterelle en or* » en trésors qui la nuit alimentent ses rêves. L'imagination des enfants est source de jeux, mais aussi puissance créatrice.

La famille, largement évoquée, est souvent ridiculisée. L'enfant la regarde d'un œil mi-amusé, mi-mélancolique, en particulier lorsqu'il décrit des scènes de ménage (« Les soucoupes volantes », p. 125). Seuls les grands-parents sont évoqués avec une tendresse sans arrière-pensée comme une image du bonheur.

Un autre thème est largement abordé : la découverte de la sexualité. Deux poèmes traitent de la différence entre filles et garçons : « Pétronille » et le « Zizi perpétuel ». « Cœur de bois » et « Antoinette et moi » évoquent de leur côté les premiers émois amoureux.

Le texte en questions

Avez-vous bien lu ?

Innocentines

1. Quels poèmes sont écrits en prose ?

2. Quel poème est écrit sous la forme d'une petite pièce de théâtre ?

3. Quel est le métier de l'oncle Onésime ?

4. Quelle est la caractéristique de Vespasien d'après le poème qui lui est consacré ?

5. Quel poème fait la satire du franglais ?

6. Quels sont les quatre poèmes du recueil écrits en distiques★ ?

7. Quelle époque évoque le poème « En ce temps-là... » ?

8. Quels animaux dialoguent dans « Expectative » ?

9. Quel est le titre du poème consacré au séjour de Napoléon à Sainte-Hélène ?

« Chez moi »

10. Qu'élève-t-on chez le petit garçon et chez la petite fille ?

11. D'où vient la soupière du petit garçon ?

12. Quel est l'âge de la grand-mère de la petite fille ?

13. Pourquoi y a-t-il trois cheminées chez la petite fille ?

distiques : strophes de deux vers.

14. De quoi la petite fille menace-t-elle le petit garçon :
– de lui donner un coup de pied ?
– de le mordre ?
– de le pincer ?
– de le piquer avec son aiguille ?

« Le plus beau vers de la langue française »

15. Citez « *Le plus beau vers de la langue française* ».

16. De qui est ce « *plus beau vers* » ?

17. Que fait Blaise et comment se termine le poème ?

« Problème »

18. Combien y a-t-il de bonnes sœurs dans la « *deux-chevaux* » du poème ?

19. Que leur arrive-t-il ?

20. Quelle est la question posée à la fin du poème ?

« Instruction aléatoire »

21. Citez deux personnages historiques et deux héros littéraires évoqués par le poème.

22. Quel écrivain est évoqué dans ce poème ?

23. À quelle occasion est-il question d'éléphant ?

Le texte en questions

« Chez moi »

Étudier les effets poétiques et humoristiques du poème

1. Pourquoi l'éléphant du vers 2 est « *peint en blanc* » et la tortue du vers 6 parle « *en latin et en laitue* » ?

2. De combien de vers se composent les strophes de ce poème et comment y sont disposées les rimes ? Comment nomme-t-on ce type de strophes ?

hyperboles : expressions d'une chose ou d'une idée à son niveau le plus élevé et avec exagération pour produire une forte impression.

3. Relevez dans les propos du petit garçon et de la petite fille les exagérations et les hyperboles*.

4. Aux vers 41 à 44, la petite fille exprime son indignation. Pourquoi se met-elle en colère ? En quoi est-ce comique ?

Étudier l'enfance dans ce poème

5. Montrez que ce poème est construit comme une joute oratoire entre les deux enfants. Quel est le sujet de leur conversation ? À quel moment commencent-ils à se disputer ?

6. Les enfants mélangent des éléments réalistes et des éléments imaginaires. En quoi cela est-il caractéristique de l'imaginaire enfantin ?

7. La formule « *Tu veux te moquer de moi !* » (vers 42) marque la fin du jeu de dialogue. Montrez que le « *petit garçon* » refuse de cesser le jeu.

Étudier l'Enfance dans les Innocentines

8. Relisez les poèmes suivants : « Le secret » (p. 26), « J'ai trempé mon doigt dans la confiture » (p. 59), « Berceuse de l'enfant qui ne veut pas grandir »

(p. 61), « Antoinette et moi » (p. 81), « Comptine » (p. 83), « Emmène-moi voir Guignol » (p. 106), « Les soucoupes volantes » (p. 125).
Classez ces poèmes selon leur sujet principal :
– les aventures imaginaires de l'enfance ;
– la gourmandise ;
– le théâtre enfantin ;
– les scènes de ménage des parents ;
– un jeu sur les sonorités des mots ;
– une chanson à dormir ;
– les premiers émois amoureux.

9. Dans « Antoinette et moi » (p. 81), peut-on dire que les enfants imitent les grandes personnes ?

10. Dans « Le secret » (p. 26), qu'est-ce qui donne de l'importance aux événements rapportés ?

11. Dans « Les soucoupes volantes » (p. 125), l'image de l'enfance est-elle heureuse ?

12. Comment est composé le titre du recueil ? Peut-on dire qu'il annonce un ouvrage sur l'enfance ?

Réflexion

13. Le vers de Baudelaire « *Mais le vert paradis des amours enfantines* » (*Les Fleurs du mal*, « Mœsta et Errabunda ») correspond-il selon vous à l'image de l'enfance qui se dégage du recueil *Innocentines* ?

Rédaction

14. Faites le récit d'un souvenir d'enfance en utilisant les procédés mis en œuvre dans les *Innocentines* : mélange du rêve et de l'imaginaire, hyperboles et exagérations, fausse candeur et impertinence. Dans votre rédaction, écrite à la 1re personne, vous emploierez les temps du récit et vous insérerez un passage de dialogue.

Le texte en questions

« Le plus beau vers de la langue française »

Étudier les effets poétiques et humoristiques

1. Relevez les alexandrins de ce poème.

2. En quoi les autres vers s'opposent-ils à ces alexandrins ? Répondez en comptant les syllabes.

3. Quel sentiment traduisent les phrases exclamatives des vers 24 à 26 ?

4. L'alexandrin est fondé sur la répétition de voyelles (assonance) et la répétition de consonnes (allitération). Relevez les assonances et allitérations comiques du poème.

5. En quoi la graphie de certains mots est-elle comique ?

Étudier la parodie de l'école

6. Qui parle dans ce poème et à qui s'adresse-t-il ?

7. Quelle situation précise de l'école est-elle ici mise en scène : un corrigé de rédaction ? une leçon de grammaire ? un problème de mathématiques ? une leçon d'anglais ? une explication de texte ? un devoir sur table ?

8. Relevez des expressions typiques de l'explication de texte en distinguant celles qui commentent le style et celles qui éclairent le sens du texte et l'intention de l'auteur.

9. Quel conseil donné aux élèves est-il surprenant et incongru ? Expliquez pourquoi.

Étudier l'école dans les Innocentines

10. Relisez les poèmes suivants des *Innocentines* : « Dites ! Dites ! » (p. 15), « You spique angliche » (p. 36), « Julot-Mandibule » (p. 91), « Le petit Gengis Khan » (p. 99), « Problème » (p. 160), « Instruction aléatoire » (p. 165).
Classez ces poèmes selon leur sujet principal :
– une rêverie sur l'histoire ;
– l'imitation d'un cours d'anglais ;
– le portrait d'un cancre ;
– la parodie d'un problème de mathématiques ;
– la parodie d'une leçon d'histoire.

11. Pourquoi Julot-Mandibule (p. 91) cite-t-il Charlemagne ?

12. Le poème « Le petit Gengis Khan » (p. 99) est une parodie de l'histoire des grands hommes. Montrez en quoi en analysant le texte et sa moralité.

13. En quelle mesure peut-on dire que le poème « Problème » (p. 160) est un faux problème ?

Réflexion

14. Quelle image de l'école trouve-t-on dans les *Innocentines* ? Peut-on la comparer, et en quoi, avec celle qu'en donne le poète Jacques Prévert dans son poème « Le Cancre » (p. 219) ?

Rédaction

15. Imaginez un poème sous la forme d'une parodie de commentaire de textes avec l'alexandrin suivant : « *Pour qui sont ces serpents qui sifflent sur vos têtes ?* » (Jean Racine, *Andromaque*, scène 5 de l'acte V). Votre poème, dont le titre sera « Le Vers le plus sifflant de la langue française », comportera plusieurs strophes en vers libres et au moins un alexandrin.

Le texte en questions

« Problème »

Étudier l'humour et les effets comiques dans le poème

1. Expliquez en quoi la situation de départ (vers 1 à 7) est burlesque* ?

2. Analysez l'allusion des vers 11 à 14. En quoi, par son registre et son vocabulaire, est-elle comique ?

3. Dans la première partie du poème, analysez les effets (situation, registres, tournures, vocabulaire, rimes) qui permettent de transformer un événement tragique (un accident) en gag.

4. Relevez dans ce poème les éléments impertinents à l'égard de la religion.

Étudier la parodie* dans le poème

5. Quel exercice scolaire est imité par ce poème ?

6. Quel verbe au participe présent est répété plusieurs fois ?

7. Quels éléments de la situation de départ retrouve-t-on dans la question finale ?

Étudier l'humour et les procédés comiques dans les Innocentines

8. De qui se moque le poème « Un yéyé » (p. 24) ?

9. Comment sont construites les rimes dans le poème « Dimanche » (p. 70) ? Comment l'auteur a-t-il choisi les prénoms du poème ?

10. Par quel procédé le poème « Rage de dents » (p. 116) exprime-t-il la douleur de manière comique ?

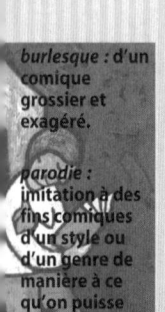

---

burlesque : d'un comique grossier et exagéré.

parodie : imitation à des fins comiques d'un style ou d'un genre de manière à ce qu'on puisse reconnaître l'original dans la copie.

11. Le poème « Les soucoupes volantes » (p. 125) est-il seulement comique ? Relevez les éléments qui dramatisent la situation.

12. Classez les poèmes suivants selon leur effet comique dominant : « Un yéyé » (p. 24), « Visions » (p. 54), « La marmotte » (p. 67), « Dimanche » (p. 70), « Dans la marmite ça ronronne » (p. 111), « Ouiquenne » (p. 112), « Rage de dents » (p. 116), « Les soucoupes volantes » (p. 125) :
– la satire d'un personnage à la mode ;
– la satire de la promenade familiale ;
– le jeu sur les sonorités des mots ;
– le jeu sur les onomatopées★ ;
– le jeu sur le double sens d'un mot ;
– la chute finale ;
– un humour noir et grinçant ;
– des animaux parlants.

onomatopées : mots qui imitent des sons (*aïe, ouah, atchoum...*).

Rédaction

13. L'adage populaire affirme que « *l'humour est la politesse du désespoir* ». François Rabelais écrit de son côté que « *le rire est le propre de l'homme* ». Selon vous, laquelle de ces deux formules correspond le mieux à la forme d'humour des *Innocentines* ?
Vous répondrez sous la forme d'un devoir argumenté comportant une introduction, un développement et une conclusion.

Le texte en questions

« Instruction aléatoire »

Étudier les effets humoristiques et poétiques

1. Montrez que le poème est rythmé par le retour de la tournure présentative « *c'est* ».

2. Relevez les phrases interrogatives. En quoi marquent-elles des étapes dans le poème ?

3. Quelle logique préside au choix des noms propres (pour vous aider à répondre, examinez les rimes) ?

4. Montrez que le poème est un jeu sur la déformation de lieux communs historiques.

5. Expliquez les calembours★ des vers 34 à 39.

calembours :
jeux sur le sens et la sonorité des mots. Les jeux sur les prénoms en sont un exemple. « M. et Mme Hochon ont un fils, ils le prénomment Paul » (Paul Hochon = polochon).

Étudier l'histoire dans le poème

6. Replacez dans son contexte historique chaque nom propre cité dans le poème : l'antiquité grecque ; l'antiquité romaine ; le Moyen Âge ; le XVe siècle ; le XVIe siècle ; le XVIIe siècle ; le XVIIIe siècle ; le XIXe siècle.

7. La chronologie est-elle respectée ? Expliquez le titre du poème et justifiez-le.

8. En quoi le poème est-il une satire★ de l'enseignement de l'histoire ?

Étudier l'histoire buissonnière dans les Innocentines

9. Relisez les poèmes suivants : « Dites ! Dites ! » (p. 15), « Les jambes de bois » (p. 18), « Vespasien » (p. 27), « Depuis le temps qu'il y a des guerres » (p. 42), « Tom Sawyer » (p. 63), « En ce temps-là… » (p. 77), « Le petit Gengis Khan » (p. 99), « Petite ritournelle impériale » (p. 123).

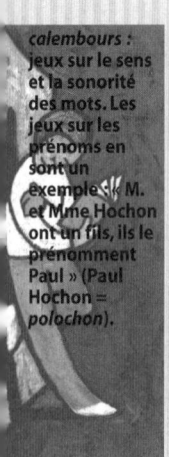

Étude d'ensemble, pp. 165 à 167

Classez ces poèmes en deux groupes : ceux qui racontent l'histoire d'un personnage historique et ceux qui évoquent l'histoire dans son ensemble.

10. Tom Sawyer (p. 63) est un personnage de roman. Montrez qu'il est le seul à être présenté comme un modèle.

11. Montrez que Napoléon Bonaparte et l'épopée impériale sont présentés d'une manière impertinente par le poème « Petite ritournelle impériale » (p. 123) en analysant :
– le refrain ;
– le moment de la vie de Napoléon choisi ;
– le vocabulaire employé et les situations présentées ;
– la moralité.

12. Quel type de phrase domine dans le poème « Dites ! Dites ! » (p. 15) ? Que peut-on en conclure sur la foi que l'on peut accorder à la vérité historique ?

13. Montrez que le poème « En ce temps-là... » (p. 77) présente la vie de Jésus et de ses apôtres avec le regard facétieux et faussement naïf de l'enfance.

Réflexion : l'histoire dans les œuvres littéraires

14. Lisez *les Trois Mousquetaires* d'Alexandre Dumas et comparez la présentation de l'histoire dans les deux livres.

Rédaction

15. À votre tour, racontez la vie d'un personnage historique (Jules César, Charlemagne, de Gaulle...) de manière satirique et amusante en insistant sur de petits détails cocasses et en employant un vocabulaire et des expressions familières.

Groupement de textes :

Enfance et poésie au XXe siècle

Voici quelques poèmes de quatre poètes pour explorer les rapports entre l'enfance et l'expression poétique.

En poésie, l'enfant devient un personnage surprenant, incroyable et paré de multiples vertus créatives. Il est libre, spontané, sans préjugé et dénué d'arrière-pensées. En réalité, il apparaît comme un symbole d'idéal artistique ou parfois même philosophique et moral. Il est un contre-modèle, qui permet de montrer les défauts des adultes, les limites qui les empêchent d'éprouver des sentiments poétiques et d'être créateurs.

« Le Cancre » de Prévert et « Un enfant a dit » de Queneau tiennent à l'évidence ce discours où le vrai poète, c'est l'enfant.

La vision de l'enfance ne se limite pas à cela, car on s'intéresse aussi à leurs paroles. C'est ainsi que Norge et Desnos, chacun à leur manière, reprennent des formes enfantines – la fable, la comptine – pour trouver une expression belle, musicale et authentique. Ils s'inspirent de mots d'enfants où, comme dans les calembours, la forme matérielle du mot, sa musicalité sont à l'origine du sens – ce qui est l'une des conditions mêmes de la poésie.

JACQUES PRÉVERT, PAROLES

Né à Neuilly-sur-Seine en 1900, Jacques Prévert quitte très tôt l'école. Il fréquente un temps le groupe surréaliste avant de devenir dialoguiste et scénariste pour le cinéma, mais aussi

Enfance et poésie au xxe siècle

parolier et poète. Sa poésie est marquée par les jeux sur le langage et la revendication libertaire. Il disparaît en 1977.

Dans « Le Cancre », il critique durement l'école et met en scène un enfant qui, avec ses *« couleurs »*, devient le porte-parole de la poésie.

« Le Cancre »

> Il dit non avec la tête
> mais il dit oui avec le cœur
> il dit oui à ce qu'il aime
> il dit non au professeur
> il est debout
> on le questionne
> et tous les problèmes sont posés
> soudain le fou rire le prend
> et il efface tout
> les chiffres et les mots
> les dates et les noms
> les phrases et les pièges
> et malgré les menaces du maître
> sous les huées des enfants prodiges
> avec des craies de toutes les couleurs
> sur le tableau noir du malheur
> il dessine le visage du bonheur

Jacques Prévert, *Paroles*, Gallimard, 1949.

Raymond Queneau, Battre la campagne et l'Instant fatal

Raymond Queneau (1903-1976) fait des études de philosophie, puis rejoint pendant quelques années les surréalistes. Il publie un premier roman en 1933, écrit des chansons et des poésies dès 1937. Son œuvre est marquée par les recherches sur le langage et par l'humour. Il s'attache à la création de nouvelles formes avec le

Groupement de textes

groupe de l'Ouvroir de littérature potentielle (Oulipo). Il porte aussi une grande attention aux petites choses et aux petites gens. Dans le poème suivant, tiré du recueil *Battre la campagne*, Raymond Queneau explore le même thème que celui du « Cancre » de Prévert, en opposant l'école et son « orthographe » à la liberté de l'imagination.

« L'Écolier »

J'écrirai le jeudi j'écrirai le dimanche
   quand je n'irai pas à l'école
j'écrirai des nouvelles j'écrirai des romans
   et même des paraboles[1]
je parlerai de mon village je parlerai de mes parents
   de mes aïeux de mes aïeules[2]
je décrirai les prés je décrirai les champs
   les broutilles[3] et les bestioles
puis je voyagerai j'irai jusqu'en Iran
   au Tibet ou bien au Népal
et ce qui est beaucoup plus intéressant
   du côté de Sirius ou d'Algol[4]
où tout me paraîtra tellement étonnant
   que revenu dans mon école
je mettrai l'orthographe mélancoliquement

Raymond Queneau, *Battre la campagne*, Gallimard, 1968.

Dans ce second poème extrait du recueil *L'Instant fatal*, Queneau montre une récitation et fait de l'enfant un compagnon d'esprit du poète.

notes

1. paraboles : récits exemplaires dans lesquels est caché un sens moral.
2. aïeux [...] aïeules : grands-parents.
3. broutilles : petites choses sans importance.
4. de Sirius ou d'Algol : Sirius est l'étoile la plus brillante du ciel ; Algol est l'étoile changeante de la constellation de Persée.

« Un enfant a dit »

Un enfant a dit
je sais des poèmes
un enfant a dit
chsais des poaisies

   un enfant a dit
mon cœur est plein d'elles
un enfant a dit
par cœur ça suffit

   un enfant a dit
ils en sav' des choses
un enfant a dit
et tout par écrit

   si lpoète pouvait
s'enfuir à tir-d'aile
les enfants voudraient
partir avec lui

   Raymond Queneau, « Un enfant a dit », *L'Instant fatal*, Gallimard, 1948.

GÉO NORGE, LA LANGUE VERTE

Natif de Bruxelles, Géo Norge (1898-1990) publie son premier recueil de poésies, *Poèmes incertains*, en 1923. Poète de la réalité, il tente de faire correspondre la forme et les choses en réduisant la distance entre mots et signification. Son expression, volontairement rude, puise son vocabulaire dans l'argot, la chanson et la littérature enfantine, comme en témoigne le pastiche de La Fontaine ci-après extrait de *La Langue verte*.

Groupement de textes

« Le Soufflant et le Raciné »

Un raciné de forte trempe
Se gaussait du soufflant léger
Qui lui turlupinait[1] la tempe
Sans un feuillon[2] lui vendanger.

– « Pauv' merlifluch'[3] qu'i lui glosait,
Carapate ici que j'te beuve ;
Ce n'est pas ton frotil fluet
Qui fera qu'un butor[4] s'émeuve,

Du soufflant, c'est quoi : moins que nib ;
Nib, c'est zeuro et c'est personne,
On n'a jamais zyeuté ta bribe,
T'existes mêm' pas, tu bouffonnes. »
Mais là-d'ssus, vlà le p'tit soufflant
Qui s'met à gonfler ses farines[5]
Et lach' tout' sa pétouse au flanc
Du raciné (qui s'déracine).

L'est tout à flac[6] dans l'broussaillon,
Empêtré dans son empoustoufle,
Lui qui faisait tant l'fanfarlon,
I' s' tient plus peinard qu'un' pantoufle.
Faut jamais dir, des génitures[7]
Que c'est rien pasqu'on les zyeut' pas.
Y a souvent des pant'à la dure
Qui cogn' en marchant sur leurs bas.

Géo Norge, *La Langue verte*, Gallimard, 1954.

notes

1. **turlupinait :** tracassait.
2. **feuillon :** petite feuille.
3. **merlifluch' :** idiot (terme argotique inventé par Norge).
4. **butor :** oiseau.
5. **farines :** pour « narines ».
6. **à flac :** affalé.
7. **génitures :** petits ; mot formé par aphérèse avec *progéniture*, « les enfants ».

Enfance et poésie au xxe siècle

Robert Desnos, Corps et biens

Né en 1900, Desnos rompt très vite tout lien avec sa famille et s'engage en littérature. Il commence à publier et rencontre les surréalistes dès 1917. Dans son œuvre, les jeux de mots de toute nature (calembours, anagrammes[1], contrepèteries[2]) se mélangent avec les sensations poétiques dans un étonnant croisement de l'humour et de la profondeur.

Il a écrit un recueil de comptines, *Chantefables et Chantefleurs*, des œuvres en prose et des poèmes engagés. Résistant, il est arrêté et déporté en 1944. Il meurt d'épuisement le 8 juin 1945, peu de temps après sa libération.

Dans ce poème extrait de *Corps et biens*, Robert Desnos joue sur les mots et leurs croisements.

> Un à un
> les Huns[3]
> passent l'Aisne[4].
> Nos aines confondent nos haines,
> Henri Heine[5].
> un à un
> les Huns
> deviennent des nains.
> Perdez-vous dans l'Ain[6]
> et non dans l'Aisne.
>
> Hein ?

Robert Desnos, « L'Aumonyme », *Corps et biens*, Gallimard, 1930.

notes

1. anagrammes : mots différents écrits avec la même série de lettres (*nacre, ancre*, par exemple).
2. contrepèteries : permutation de lettres ou de sons à l'intérieur d'une phrase, donnant à celle-ci un nouveau sens (« **m**ort des **s**aisons » devient « **s**ort des **m**aisons »).
3. Huns : peuple d'origine mongole unifié par Attila ; ils envahirent la Gaule au ve siècle.
4. Aisne : département du Nord de la France.
5. Heinrich Heine : poète allemand (1797-1856).
6. Ain : département français.

Groupement de textes

Questions & travaux

1. De quelle situation scolaire précise s'inspire « Le Cancre » de Prévert ?

2. Relevez des antithèses et des oppositions dans ce poème (« Le Cancre »).

3. De quels poèmes des *Innocentines* rapprocheriez-vous « Le Cancre » ?

4. Racontez la même scène du point de vue du professeur.

5. Où « L'Écolier » de Queneau écrit-il et voyage-t-il ?

6. Montrez que la musicalité du poème « L'Écolier » est fondée sur un jeu de répétition.

7. Dans « L'Écolier », quels rapports voyez-vous entre les « *bestioles* » et les « *broutilles* » ?

8. L'enfant de « Un enfant a dit » s'oppose-t-il à celui du « Cancre » ?

9. Que dit ce poème de *L'Instant fatal* sur les relations entre l'enfance et la poésie ?

10. De quelle fable célèbre « Le Soufflant et le Raciné » semble s'inspirer ?

11. Qui dialogue dans cette poésie (« Le Soufflant et le Raciné ») ?

12. Quels rapprochements verriez-vous entre la poésie de Norge (« Le Soufflant et le Raciné ») et celles des *Innocentines* ?

13. Expliquez les différentes transformations que Desnos fait subir au mot « *Huns* » dans le poème de *Corps et biens*.